Sabine Müller/Inge Frantzen (Hrsg.)
Sehnsucht und der ganze Rest

Sabine Müller
Inge Frantzen (Hrsg.)

Sehnsucht
und der ganze Rest

ÜberLebensGeschichten
für Singles

Brendow.
VERLAG + MEDIEN

Bibliografische Information der Deutschen Nationalbibliothek
Die Deutsche Nationalbibliothek verzeichnet diese Publikation in der
Deutschen Nationalbibliografie; detaillierte bibliografische Daten
sind im Internet über http://dnb.d-nb.de abrufbar.

ISBN 978-3-86506-296-3
© 2010 by Joh. Brendow & Sohn Verlag GmbH, Moers
Einbandgestaltung: Brendow Verlag, Moers
Titelfoto: photocase
Satz: Satzstudio Hans Winkens, Wegberg
Druck und Bindung: CPI – Clausen & Bosse, Leck
Printed in Germany

www.brendow-verlag.de

Inhalt

* Name aus Personenschutzgründen geändert

Einen Platz für meine Sehnsucht

Was tun, wenn die Sehnsucht nach einer Partnerschaft mal wieder als ungebetener Gast vor der Tür steht? Heißen die Alternativen tatsächlich nur »Ignorieren« oder »Kapitulieren«? Frauke Bielefeldt hat einen besseren Weg gefunden.

Von Frauke Bielefeldt

Manchmal frage ich mich: Bin ich eine waschechte »Single-line«? Sieht man mir das schon an der Nasenspitze an? Dabei lebe ich doch immer noch in der Hoffnung, diese Lebensphase irgendwann einmal hinter mir lassen zu können. Aber um nur aus der Hoffnung zu leben, ist diese Phase mittlerweile – von ein paar kurzen Unterbrechungen einmal abgesehen – ein bisschen zu lang. Und so habe ich vor ein paar Jahren dann doch angefangen, mich mit der Existenzform »Single« näher auseinanderzusetzen. Kann es sein, fragte ich mich, dass ich vielleicht zu viele Erwartungen an das Leben auf »den einen Partner« konzentriere? Wäre doch schade, am Ende meiner Tage auf eine ganze Zeitspanne zurückzuschauen, die nicht richtig gelebt wurde. Denn bei Gott gibt es doch keine tote Zeit, oder?

Das Single-Leben meistern

Dass ich mich diesen Fragen gestellt habe, hat eine Menge verändert. So habe ich mir zum Beispiel angewöhnt, Reisen auch mal spontan anzugehen. Ich brauche ja niemanden zu fragen! Als Freiberuflerin, die vor allem am Computer arbeitet, bin ich ziemlich ortsunabhängig und habe auch schon mal den Winter in wärmeren Gefilden verbracht. Und auch mein Umzug von Mittelhessen nach Berlin ist das Ergebnis dieser Freiheit. Um solche Chancen beneiden mich die ein oder anderen Freunde, die sich mit ihren Familien nicht so einfach umsiedeln können.

Dazu lässt sich vieles an Gesprächsbedarf durch gute Freunde abdecken (etwas, von dem auch Verheiratete immer wieder sagen, dass sich das auch in der besten und längsten Partnerschaft nicht völlig ändern wird). Für Freundschaften außerhalb einer Partnerschaft habe ich nicht nur mehr Bedarf, sondern auch viel mehr freie Kapazitäten. Körperlicher Kontakt ist schon schwieriger, aber auch hier gibt es zwischen »Alles« und »Nichts« eine Menge zu gestalten.

Ich bin also nicht allein und langweilig wird mir auch nicht werden. Die ewig neuralgischen Punkte Weihnachten, Ostern und der nächste Urlaub sind zwar nicht dauerhaft zu lösen, aber seit auch in meinem persönlichen Umfeld die Scheidungen zunehmen, ist mir bewusst geworden, dass man die eine Lösung nie ganz sicher hat und auch Verheiratete nicht dafür garantieren können, mit wem sie im Alter unter dem Weihnachtsbaum sitzen werden. Da freue ich mich über jedes gelungene Fest, und seit ich die ersten tollen Urlaubsreisen allein unterwegs genossen habe, bin ich den Druck los, jedes Mal jemanden finden zu müssen, der mitfährt (Umso mehr freue ich mich dann über Freundinnen oder Familien, mit denen etwas zusammen möglich ist!). Und so versuche ich, das, was ich mir von einem Partner erträume, anderweitig auszufüllen.

Was übrig bleibt

Geblieben ist ein »Rest«. Ein ganz schön großer Rest. Dabei geht es nicht so sehr um die Frage der Wertigkeit. Ich bin vollwertig – keine Frage! – und auch das Leben als Single ist vollwertig. Man mag sich vielleicht wertlos fühlen, wenn einem die Aufmerksamkeit eines Mannes bzw. einer Frau fehlt, aber daran kann man tatsächlich arbeiten (An dieser Stelle sei eine Lanze gebrochen für Komplimente ans andere Geschlecht, die keine sexuellen Absichten beinhalten – das geht! Und es kann dem anderen so gut tun!). Und glücklicherweise muss ich mich auch keiner taktlosen Verwandten erwehren, die einen mit gut gemeinten Ratschlägen und Ermunterungen traktieren.

Nein, was bleibt, ist der Wunsch nach Zugehörigkeit. Jemandem eine Partnerin sein dürfen und in ihm ein Gegenüber haben. Die Dualität der Geschlechter erleben, dieses ganz besondere, geheimnisvoll aufeinander bezogene Verhältnis von Verschiedenartigkeit und Einheit. Und damit alles, was erst in dieser Einheit möglich wird: tiefe Verbundenheit, auch in Zärtlichkeit und Sexualität. Oder Kinder zu haben und Eltern zu werden (was ein Thema für sich wäre. Denn als Single fehlt mir ja nicht nur der Partner, sondern nach biblischen Maßstäben auch die Option, Mutter bzw. Vater zu werden …).

Diese Dinge lassen sich nicht anderweitig ersetzen. Man kann sie zwar sublimieren – mit Freud gehen auch heute noch manche Seelenforscher davon aus, dass die sexuelle Kraft, die nicht geschlechtlich ausgelebt wird, so kanalisiert werden kann, dass der Mensch auf anderen Feldern besonders kreativ und produktiv wird –, aber das ist und bleibt eben eine Umleitung. Denn der eigentliche Mangel – und mit ihm die Sehnsucht – bleibt.

Ein Abstecher in die Schöpfungsgeschichte

Diese Sehnsucht finde ich in der Bibel bestätigt. Manche Christen meinen, sie dürften dieses Gefühl nicht haben, weil sie damit Gott insgeheim vorwerfen würden, dass er Fehler macht. Oder sie fühlen sich schuldig, weil ihre Liebe zu Gott offensichtlich nicht groß genug ist, um sie ganz zu erfüllen. Das ist oft gut gemeint, aber biblisch betrachtet völliger Quatsch! Im Schöpfungsbericht (1. Mose, Kapitel 1+2) finde ich meinen stärksten Verbündeten. Für mich hat es sich unendlich gelohnt, an dieser Stelle einmal ganz genau hinzusehen und tiefer zu graben.

Hier wird in aller Deutlichkeit beschrieben, dass wir genau so gemacht sind: als sexuelle Wesen, auf das Gegenüber im anderen Geschlecht angelegt. Das ist sogar neben unserer Ebenbildlichkeit zu Gott unser Hauptwesenszug (1. Mose 1,27): »Und Gott schuf den Menschen nach seinem Bild, ... und zwar als Mann und Frau.« Wir sind also im Doppelpack gemacht, mit dem Hauptmerkmal der geschlechtlichen Identität.

Was das genau bedeutet, wird im 2. Kapitel beschrieben, wenn die Erschaffung von Adam und Eva noch einmal genauer unter die Lupe genommen wird: Als Erstes wird Adam fertig gestellt. Er ist eigentlich gut gelungen, und doch stellt Gott einen Mangel fest: Er ist noch allein – und das ist nicht gut (1. Mose 2,18a). Wieso ist er denn allein? Er hat doch eine Menge Gesellschaft. Alle Tiere scharen sich um ihn, damit er ihnen Namen gibt. Und Gott ist ja auch noch da! Die beiden haben eine unmittelbarere Gemeinschaft, als wir es auf dieser Erde je erleben werden. Doch Gottes Diagnose ist eindeutig: »Nicht gut ... Ich will ihm eine Hilfe schaffen, als sein Gegenüber« (V. 18b). Das Wort »Gegenüber« findet sich nicht in jeder deutschen Übersetzung, aber wörtlich steht es genauso da im Hebräischen (Manche Übersetzungen geben dieses Wort wieder mit »die ihm entspricht«; nur die gute alte Lutherübersetzung hat uns leider mit der falschen Wiedergabe »die um ihn sei« für Jahrhunderte ein mächtiges Ei ins Nest gelegt).

Aha, der Mensch braucht also jemanden neben sich. Nicht nur die Tiere um sich, derer er sich annimmt, auch nicht nur den Garten, der seine Arbeit darstellt, und auch nicht nur die Beziehung nach oben zu seinem Schöpfer. Der Platz neben ihm ist frei. Damit ist natürlich jede menschliche Gemeinschaft mitgemeint – und doch backt der Schöpfer dem ersten Menschen nicht als Erstes ein paar »Saufkumpel«, an denen er die nötige menschliche Reife entwickeln soll, sondern eine Frau. Ein Gegenüber, damit er im Tiefsten nicht mehr alleine ist.

Dass die Herstellungstechnik beschrieben wird, passiert sicher auch nicht ohne Grund: Eva wird aus einem Teil Adams hergestellt. Also nicht wie Adam und die Tierarten aus einem eigenen Haufen Erde getöpfert, sondern aus Adams Material weiterkonstruiert, »ausgebaut« (V. 22a). Dieser »Teil« wird in den meisten Bibelübersetzungen immer noch mit »Rippe« wiedergegeben, doch das ist schlicht falsch. Vor allem, wenn man damit ein kleines »Rippchen« verbindet, also ein Knöchelchen von 24, im Sinne eines vernachlässigbaren Anhängsels. Die Grundbedeutung des Wortes geht über die »Rippen« eines »Rippengerüstes« bis hin zu einem »Seitenbauteil« und meint an dieser Stelle offensichtlich schlicht die »Seite« des Menschen, was wiederum wunderbar zu dem »Gegenüber« und dem »Doppelpack« passt.

Die Frau ist aus der einen Seite des Mannes ausgebaut, das bedeutet: Sie ist aus dem gleichen Fleisch und Blut wie er, sie sind sich zutiefst vertraut, aber auch unterschiedlich konstruiert.

Welche Anziehungskraft dieses Gemisch mit sich bringt, entdeckt Adam gleich bei seiner ersten Begegnung mit der Frau: »Endlich jemand wie ich – wir gehören zusammen!« (V. 23a) An dieser Stelle gibt die Lutherbibel den Urtext sehr schön wieder, indem sie das Wortspiel der im Hebräischen verwandten Begriffe »Mann« (»isch«) und »Frau« (»ischa«) mit »Männin« übersetzt – eben das Wesen, das auf den Mann bezogen ist. Woraus folgt: Sie werden einander ihr Leben lang nicht mehr los, sondern »ein Fleisch werden« (V. 24). Da haben wir sie, die Anziehungskraft der Geschlechter! Hier ist der Bauplan, nach dem wir alle konstruiert sind – Gott gibt unserer Sehnsucht Recht.

Der Sehnsucht einen Platz geben

Dornröschen hatte es gut. Direkt aus dem Schlaf erwählt. Unsereins muss sich mit jahrelangen Wachphasen herumschlagen. Was mache ich also mit der Sehnsucht? Wohin mit diesem Mangel, der zwar oft neben anderen Dingen und Lebensbezügen in den Hintergrund tritt, sich irgendwann aber doch wieder meldet – sei es als leise Traurigkeit oder tobender Schmerz? Mit der Umleitung in kreative Energie habe ich es tatsächlich recht weit gebracht. Aber soll das wirklich alles sein? Mir reicht das nicht.

Für mich ist ein anderer Ansatz zum Schlüssel geworden, jetzt und hier mit meiner Sehnsucht umzugehen. Ich nenne ihn: die Sehnsucht integrieren. Damit meine ich, dass ich ihr einen Platz in meinem Herzen gebe. Sie ist weder ein Störenfried, noch darf sie mich beherrschen. Ich erkenne sie an als das, was sie ist: der Anzeiger, dass in einem ganz wesentlichen Lebensbereich etwas fehlt, was sein könnte. Zwischen meiner Identität als vollständige und vollwertige Frau und den Umständen, in denen ich lebe, besteht eine Spannung. Doch das Erstaunliche ist, dass mich die Sehnsucht, wenn ich sie auf diese Weise integriere, gerade nicht verzehrt. Wenn ich es schaffe, den Schmerz, der manchmal wirklich heftig sein kann, auszuhalten, nimmt er meist bald von alleine ab und lässt mich meine Identität wieder deutlich spüren. Gerade im Wahrnehmen des Mangels fühle ich mich wieder vollständig.

Was mache ich also (im Idealfall), wenn dieses wehe Ziehen wieder einmal ungefragt zur Herzenstür hereinspaziert, ohne eine sinnvolle Aktionsmöglichkeit mitzuliefern? Ich sage: »Hallo Sehnsucht, da bist du ja wieder! Du hast ja so recht! Gott sieht es auch so. Danke, dass du mir zeigst, dass noch alles da ist bei mir!« Dann rollt sie sich wie eine schnurrende Katze auf meinem Schoß ein, anstatt wütend herumzufauchen und mich zu zerkratzen. Das tut sie nämlich meistens, wenn man nicht weiß, was man mit ihr anfangen soll.

Ich weiß zu wenig darüber, wie das bei Männern aussieht, die unter dem Alleinsein leiden. Aber wir Frauen neigen dazu, uns selbst fertigzumachen und unsere Person komplett in Frage zu stellen. Die Zweifel reichen dabei von »Sehe ich nicht gut genug aus?« über »Bin ich zu burschikos?« und »Bin ich zu schwierig?« (oder auch das Gegenteil: zu langweilig?) bis hin zur totalen Selbstabwertung. Bekommen Frauen keine männliche Aufmerksamkeit, fühlen sie sich sehr leicht minderwertig und laufen mit dem Gefühl durch die Welt, dass mit ihnen etwas nicht stimmt. Doch wenn wir lernen, zwischen unserer Identität (vollständige

Frau, potenzielle Partnerin) und unserer Lebenssituation, unserem Single-Status (Status heißt »Stand, Zustand«) zu unterscheiden, können wir uns eine ganze Menge zusätzliches Leid ersparen.

Bin ich nun versöhnt mit meinem Single-Stand? Jein. Ich wünsche mir immer noch sehr einen Partner und ein Kind. Aber mit der Unterscheidung zwischen Identität und Zustand habe ich einen Weg gefunden, meine Selbstachtung zu bewahren.

Im Schöpfungsbericht finde ich die Wurzeln meiner Sehnsucht. Auch ich bin eine Eva, die auf den Lebensbund mit dem einen Mann angelegt ist. Indem ich die schmerzhafte Spannung in mein Gefühlsleben integriere, kann sie mich bereichern und ich kann sagen: »Ja, ich fühle mich vollständig.« Mit diesem Gefühl wird mein Singlesein von toter Zeit zu gelebter Gegenwart.

Frauke Bielefeldt, Jahrgang 1972, arbeitet als freie Autorin, Theologin und Künstlerin. Mit ihrem Umzug nach Berlin hat sie sich einen Traum erfüllt, für den sie manche ihrer verheirateten Freunde mit Kindern und anderen Gebundenheiten schwer beneiden.

Eine ungewöhnliche Single-WG

Wie viele Singles lebt Jörg Schwehn allein. Nun ja, nicht ganz:
Er hat einen achtbeinigen Mitbewohner, von dem er nichts ahnt.
Und der weiß eine Menge über Jörg zu erzählen.

Von Jörg Schwehn

Guten Tag. Ich bin Gottfried. Manche Leute nennen mich aber auch Gottzilla. Meine Freunde dürfen »Arschwackler« zu mir sagen, und mein Hausmeister nennt mich meistens einfach nur »blöde Drecksspinne«. Womit er gar nicht so unrecht hat, denn ich bin wirklich eine Spinne. Ich habe acht Beine, einen leicht untersetzten Körperbau, ein Bein, das etwas kürzer ist, und das mir meinen Spitznamen mit dem wackelnden Hintern beschert hat. Und ich liebe es, Menschenfrauen mit meiner physischen Präsenz zu erschrecken. Herrlich wie die quieken können, wenn Gottzilla auftaucht.

Hausmeister Jörg und ich

Mein Leben spielt sich zu einem großen Teil in der Wohnung von Jörg ab, den ich nur meinen Hausmeister nenne, denn er hält die Bude in Ordnung, die ich mitbewohne. Mein Netz habe ich so im Verborgenen gesponnen, dass er es bisher noch nicht bemerkt hat. Aber sauber machen ist ihm eh nicht so wichtig, denn der Mann ist Single, genau wie ich übrigens auch. Wir Singles haben es einfach nicht so mit dem Aufräumen, Netz in Ordnung halten, Futter rechtzeitig aus dem Kühlschrank essen, bevor es schlecht wird, und so weiter. Wir genießen einfach unsere Freiheiten und leben in den Tag hinein (Okay, an Regentagen sitzen wir manchmal gemeinsam am Fenster und seufzen die Tatsache aus uns raus, dass wir unbeweibt sind. Aber das vergeht nach einigen Stunden wieder …).

Mein Hausmeister und ich, wir kooperieren aber auch manchmal. Wenn ich eine süße Spinnenfrau zu Besuch habe, dann gehe ich gerne mit ihr an die obere Stelle vom Bücherregal, wo man diese herrliche Aussicht auf die Wohnung hat. Aber dort taucht auch schon mal öfters der Jörg überraschend auf, wenn er vom Büro ins Wohnzimmer geht. Weshalb die Mädels sich voll erschrecken und mir vor Angst in die Arme springen. Können Sie sich vorstellen, was passiert, wenn acht Beine versuchen, acht andere Beine aufzufangen? Herrliches Chaos, sag ich Ihnen. Gut, ich gebe zu, es war schon lange keine mehr da, mit der ich mich verheddern konnte, aber egal.

Kürzlich hab ich es umgekehrt gemacht. Da hatte Jörg endlich mal wieder eine Frau zu Besuch. So eine hübsche Blonde, Andrea hieß die, und vermutlich zu jung für ihn. Ich hab mich langsam von der Decke abgeseilt, halblinks von ihr, und hab dann auf Augenhöhe tief Luft geholt, die Beine von mir gestreckt, richtig losgewackelt, voll aufgeplustert und »Buuuh« gebrüllt. Es kam, wie es kommen sollte: Sie schrie wie am Spieß, sprang auf und Jörg direkt in die Arme. Ich war natürlich voll stolz auf mich und hab mich schnell verdrückt; aber Jörg hatte die Kleine plötzlich im Arm und konnte sich sogar damit brüsten, mich verjagt zu haben. Trotzdem hat er das nicht ausgenutzt, sondern sie schnell wieder losgelassen. Schade eigentlich. Die sah echt süß aus. Toller Po und tolle Augen. Nur für meinen Geschmack zu wenig Beine.

Allein unter Männern

Der Hausmeister und ich haben das gleiche Problem. Wir sind halt Singles, und wir sind nicht mehr die Jüngsten. Alle unsere Freunde sind entweder verheiratet oder vergeben oder leben auch so wie wir. Wenn ich an meine ganzen Schulfreunde denke – hey, die haben alle schon Hunderte von Spinnen auf die Welt gebracht. Wenn irgendwo eine Feier stattfindet, dann sind dort entweder Paare, die ihre Kinder dabei haben, oder Paare, die dauernd über ihre Kinder reden, oder Paare, die über anderer Leute Kinder reden. Wickeltipps werden natürlich auch ausgetauscht. Das ist bei Spinnen, die Hunderte von Kindern kriegen, sogar ziemlich wichtig. Manche bringen dann Babynahrung in Dosen mit, damit die anderen probieren können. Fruchtfliege-Banane mag ich übrigens am meisten. Leider krieg ich Sodbrennen davon.

Bei Jörg ist das auch so. Wenn der Gäste hat, dann sind das meistens Kerle, die daheim Frau und Kinder haben. Ich weiß, dass er manchmal den Eindruck hat, die geben sich nur mit ihm ab, weil sie bei ihm noch so richtig Männer sein können. Fußball gucken, Bier trinken und so. Ich bin Menschenkenner, ich merke das deutlich, dass die in einer anderen Welt leben als mein Hausmeister. Jörg scheint sich aber schon gut dran gewöhnt zu haben, dass er in der Halbzeit bei Kinder-Themen und Eheproblemen gut mitreden kann. Und die Väter, mit denen er so redet, die nehmen ihn anscheinend auch ernst. Jedenfalls habe ich kürzlich von Amalie Dünnbein, meiner besten Freundin, erfahren, dass seine Freunde Anna und Johannes, bei denen Amalie wohnt, einen Tipp von ihm wirklich umgesetzt haben. Guter Mann, ich bin stolz auf meinen Hausmeister!

Allein unter Frauen

Vor einigen Wochen hab ich ihn als Taxi benutzt. Hab mich an seine Jacke gehängt und ein bisschen Menschen-Surfing gemacht, weil er abends zu einer Party ging, und ich wusste, dass da die coolen Chicks rumhängen. Nicht nur die Menschen, auch die Spinnenchicks sind dort gewesen. Und auch bei uns hat der Schampus geknallt, glauben Sie mir!

Jedenfalls: Dort waren lauter Mädels, die offenbar alle noch zu haben waren. Viele von denen hatten lange Beine (bei uns Spinnen sind das ja nicht nur zwei) und trugen Minis, und Jörg war von den Menschenfrauen genauso angetan wie ich von den Spinnengirls.

Irgendwann hab ich dann aber doch noch kapiert, dass die Mädels mich gesiezt haben. Und schlimmer noch, die haben anschließend nicht gegiggelt, weil ich ihnen meine Aufmerksamkeit geschenkt habe, so wie ich es auch früher schon gemacht habe. Die haben einfach gelangweilt weggeschaut, nach jüngeren Spinnerichen gelinst, oder sie haben mich nach dem Siezen einfach ignoriert.

Dem Hausmeister ging's genauso. Hat sich vorher ziemlich gestylt, der Gute. Die heißesten Klamotten angezogen, sich also richtig rausgeputzt. Er hat es sogar geschafft, den Bauch zu kaschieren. Schwarz macht ja schlank. Dann ist er mit seinem Neffen losgezogen. Und dann siezen ihn die

Mädels. Oder sie fragen ihn, ob der Neffe noch zu haben wäre. Eine hat sogar gefragt, von welchem Kostümverleih er seine Klamotten geliehen hat. So was hätte sie ja nur auf den Jugendfotos ihrer Eltern gesehen. Zwei ekelig lange Stunden hat es gedauert, bis der Frustpegel hoch genug war. Dann haben sich mein Hausmeister und ich auf den Heimweg gemacht. Wir haben uns nicht verabschiedet, sind einfach gegangen. Und als der Neffe später erzählte, das sei die Party des Jahrhunderts gewesen, da haben wir beide nur genickt. Jörg trübe ins Bierglas und ich vom Bücherregal aus ebenso trübe in einen abgelaufenen Eintagsfliegen-Milchshake.

Beste Freundinnen und so

Danach war bei uns beiden wochenlang die Luft raus. Ich hab nicht mal die Amalie sehen wollen, obwohl die schon seit Ewigkeiten meine beste Freundin ist. Spätestens seit sie sich hat scheiden lassen, sagt sie mir immer: »Die Besten sind schon wieder frei«, zwinkert dabei mit den Augen und zieht unverhohlen die Augenbrauen hoch. Mich interessiert sie jedoch nur als Freundin. Sie ist nett, witzig und cool. Aber wir haben so lange als Freunde gelebt, dass daraus einfach nichts mehr werden kann. Manchmal hab ich den Eindruck, sie hat mehr Interesse an mir. Aber ich ignoriere das gepflegt. Wenn sie mehr will, dann soll sie es einfach sagen. So offen sind wir doch nach so langer Zeit!

Der Jörg hat auch so eine. Cora heißt sie. Voll nett. Nicht so oberflächlich hübsch wie die Blonde mit dem tollen ... äh, den schönen Augen, die bei meiner Gottzilla-Nummer so herrlich gequiekt hat, aber irgendwie ... menschenweiblich. So eine, die mit beiden Beinen mitten im Leben steht. Eigentlich denke ich, dass sie gut zu ihm passen würde. Aber es ist wohl wie bei mir und Amalie, die sogar acht Beine dazu nutzt, im Leben zu stehen. Es funkt einfach nicht. Die haben so lange als Freunde … na ja, Sie wissen schon.

Seit einigen Wochen sitzt Jörg nun öfter mal vor diesem Kasten, mit dem er mit anderen Leuten kommuniziert. Er merkt es nie, aber ich setze mich dann oft auf seine Schulter und checke aus, was er da so macht. Wir Spinnen haben ja diese Dinger nicht, also Computer. Viele Webseiten, die er sich anschaut, haben was mit Fußball oder seinem Job zu tun. Aber da ist auch eine dabei, wo sich christliche Singles treffen, was über sich schreiben und jemanden suchen. Mittlerweile ist Jörg nicht mehr nur noch dort, weil er eine Frau sucht. Vielmehr findet er es lustig, wie sich die Ladies da präsentieren. Viele suchen einen Mann, haben aber kein Bild drin, weil sie sich schämen. Oder weil sie nicht erkannt werden wollen. Stellen Sie sich das mal vor: Die suchen jemanden, wollen aber nicht erkannt werden. Wie doof ist das denn? Ganz lustig sind auch die, die statt einer Nachricht einen Bibelvers an den Jörg schicken. So nach dem Motto »Auch du bist geliebt, Bruder«. Diese Schwestern sind bedauernswerte Wesen, glauben Sie mir. So gaga wie die sind, kriegen die niemals mehr einen Mann.

Oder, oder, oder

Ach ja, ich erwähnte es schon, Jörg ist Christ. Das heißt, er besucht auch eine sogenannte »Gemeinde«. Zufälligerweise ist das auch der Ort, an dem ich geboren wurde. Dort ist es allerheiligst, glauben Sie mir, so heilig, dass selbst sonst so toughe Kerlchen wie der Jörg und ich uns ganz sittsam benehmen. Manchmal singt ein Chor, das ist schön. Dann singen alle zusammen, das ist lahm. Dann spielt ne Band, und einige heben die Arme ganz weit hoch und rufen so Sachen. Das macht Spaß, denn dann ist Action. In den Momenten tanze ich dann auch gerne mal mit meiner Familie rum.

Natürlich gibt's dort auch Frauen. Spinnenweibchen und Menschenweibchen überall. Dummerweise sind aber die Interessanten meistens schon vergeben oder zum Studieren weg. Oder zu jung. Oder, oder, oder … na, irgendein »Oder« gibt's ja immer. Jedenfalls sind die, die vom Status her alle Kriterien erfüllen würden, meistens ziemlich verschroben und gehen mehr in Kinderarbeit oder in der Küche auf, als dass sie was für ihr Äußeres tun würden. Da sind Spinnen wie Menschen gleich. Wenn sie die Hoffnung auf einen Partner langsam aufgeben, dann werden sie etwas seltsam, lassen sich äußerlich etwas gehen, entwickeln ihre Hobbys mehr und mehr, und mit der Zeit … na ja, dann muss schon der Blitz einschlagen, bevor dann noch was passiert.

In dieser Gemeinde ist es aber auch so, dass sich vor allem die Verheirateten die Unverheirateten »zur Aufgabe« gemacht haben. Meine Kumpels und ihre Frauen laden mich öfter als früher zum Mücken-Essen ein. Und dann muss ich feststellen, dass ich plötzlich die eine Hälfte des Mittelpunkts des Abends bin. Die andere Hälfte ist irgendeine Solo-Spinnenfrau aus der Gemeinde, mit der sie mich verkuppeln wollen. Glauben Sie mir, es gibt kaum etwas Schlimmeres, als neben einer Spinnenfrau zu sitzen, die von meiner Anwesenheit und den Absichten unserer Gastgeber genauso überrascht ist, wie ich umgekehrt. Wie kommen die bloß auf die Idee, dass ausgerechnet dieses Spinnenweib mich interessieren könnte? Leider lese ich in ihrem Blick das Gleiche. »Wie kommen die bloß darauf, dass dieser seltsame Spinnenkerl mir gefallen könnte?«, fragt sie sich. Und wenn ich ehrlich bin, dann muss ich zugeben, dass der »Arschwackler« wirklich nicht mehr ganz so in Form ist, wie er es früher einmal war.

Die Hoffnung stirbt zuletzt

Leider geht's dem Hausmeister auch so. Ich glaube, die hübsche Andrea hat er so kennengelernt. Sie wissen schon, die mit dem hübschen ... äh ... also die, die so herrlich quieken kann, wenn ich sie erschrecke. Leider ist sie nur zwei, drei Mal da gewesen. Irgendwann hat Jörg mal geweint, als er ihr eine E-Mail geschrieben hat. Ich wollte auf seine Schulter und sie lesen, aber ich war nicht schnell genug. Seither ist sie aber nicht wieder aufgetaucht. Ich hätte sie echt gerne mal wieder in seine Arme getrieben. Hab mir ein paar neue Tricks überlegt. Aber, was soll's? Vielleicht hat Jörg ja noch mehr solcher Freunde, die beim Verkuppeln wirklich auch mal eine echt coole Frau für ihn finden. Eine, die außer einem süßen Quieken auch noch die richtigen Qualitäten hat, damit sie mit dem Hausmeister zusammen die ganzen Komplikationen überwinden kann, die Singles in den mittleren Jahren so mit sich bringen.

Ja, der Hausmeister, die Amalie, die Cora, die Andrea, die ganzen anderen Singles und sogar ich, wir sind schon seltsame Leute, die irgendwie in unserer Gesellschaft unnormal sind. Die Leute, die wir interessant finden, die ignorieren uns. Die sich mit uns beschäftigen wollen, die ignorieren wir. Und die sich um uns kümmern, die tun es meist so unbeholfen, dass dabei die Wirkung klar an der Absicht vorbei-schrammt. Und wir selbst, ja, so richtig kriegen wir den Hintern nicht mehr hoch. Ich frage mich ja wirklich, ob für uns noch Hoffnung besteht.

Aber bis mir die richtige Antwort dazu eingefallen ist, machen der Hausmeister und ich uns einen schönen Film-abend, schlemmen Cola, Blutmücken-Cocktails und Süßig-keiten und vergessen einfach, dass wir nicht so leben wie die anderen. Ist eh cooler so. Zumindest bis zum nächsten Regentag, wo unsere ungewöhnliche Single-WG gemein-sam am Fenster sitzt und um die Wette seufzt.

Jörg Schwehn, nicht immer scheckheftgepflegter 1965er Hesse, gut eingefahren, mit ansprechenden inneren und akzepta-blen äußeren Qualitäten, teilweise jedoch renovierungsbe-dürftig. Fühlt sich vor allem wohl, wenn er für Gerth Medien in der christlichen Musikindustrie unterwegs ist.

Wenn der Vater vom Thron fällt

Wann immer Ines Emptmeyer in der Vergangenheit
einen Mann kennen lernte, verglich sie ihn mit ihrem Vater.
Doch damit ist jetzt Schluss.

Von Ines Emptmeyer

Es war der Tag der Tage in der Popwelt und rund um den
Globus gab es nur ein Thema: Michael Jackson ist tot! Menschen in allen Ländern trauerten um den »King of Pop«.
Um einen Star. Eine Musik-Ikone. Ein Genie. In Fernseh-
beiträgen, Radiosendungen und Zeitungsberichten nahmen
Menschen teil am Leben des großen Michael Jackson.
Tauchten ein in die intimsten Details seines Privatlebens.
Und fanden sich im Leben des Mannes wieder, der nie Kind
sein durfte. Des Mannes, der öffentlich nie sein wahres Ich
zeigte. Des Mannes, der den Traum seines ehrgeizigen Vaters
lebte und sich selbst dabei verlor!

Mein Papa und mein Männerbild

Wenn ich darüber nachdenke, zucke ich ein wenig zusammen. Denn auch in meinem Leben spielte und spielt mein
Vater eine sehr große Rolle. Papa wird angerufen, wenn das
Auto stehen bleibt oder eine größere Anschaffung ins Haus
steht. Und wenn ich eine Entscheidung getroffen habe, und
er mich darin bestärkt, fühlt es sich gleich doppelt gut an.

Papa war immer für uns Kinder da – bis heute. Er schenkte mir und meinen Schwestern Unterstützung, Liebe und Interesse auf der ganzen Linie. Dazu hat er viele tolle Eigenschaften: Er ist intelligent und hat Humor, ist gastfreundlich und zeigt Engagement, ist erfolgreich und großzügig, kleidet sich mit Geschmack und hat die große Gabe der Kommunikation. Noch immer führt er legendäre Kindergeburtstage durch, hat kreative Ideen bei Festen und Hochzeiten und bespaßt die Kinder der Nachbarschaft. Ich liebe meinen Vater dafür, wie er ist. Und sollte ich selbst einmal Kinder haben, können sie sich glücklich schätzen, meine Eltern als Oma und Opa zu haben.

Aber mein Vater ist auch der Grund für ein Problem, das ich habe, und das mir erst relativ spät bewusst wurde: Wenn ich zum Beispiel anderen beschrieb, wie mein zukünftiger Ehemann sein soll, beschrieb ich eigentlich immer meinen Vater. In meiner Wahrnehmung war alles perfekt an ihm. Da kam kein Mann ran! Brachte ich mal jemanden, für den ich mich interessierte, mit nach Hause und mein Vater kommentierte später: »Der ist aber ganz schön ruhig«, flutschte der Arme sofort in die Kategorie »Abgeschossen! Vergiss ihn!«

Früher war ich diejenige, die mit meinem Vater shoppen ging, wenn er was Neues zum Anziehen brauchte – eine Tradition, die heute meine jüngste Schwester fortführt. Weshalb unser mittlerweile fast 60-jähriger Vater noch immer die Klamotten trägt, die seine Töchter cool finden. Doch als ich bemerkte, dass ich meinen Vater fast attraktiver und moderner fand, als den jeweiligen Mann, den ich gerade kennen lernte, erschrak ich.

Ich will mein Leben leben!

Mittlerweile bin ich 32. Irgendwann im Laufe meiner Er-
zieher- und späteren Seelsorge-Ausbildung, und nicht zuletzt durch eigenes Nachdenken sowie viele Gespräche mit
Freunden, dachte ich eingehender über meine Prägung
nach. Ich wurde reflektierter und gewann Abstand. Bis ich
irgendwann mutig genug war, mir einzugestehen, dass mein
Vater bis heute so sehr mein Leben bestimmt, dass ich gar
nicht wirklich frei bin, weder für einen Mann noch eine Ehe.

»Siehe, das Alte ist vergangen, Neues ist geworden« und
»Ist jemand in Christus, so ist er eine neue Kreatur« sind
zwei Bibelworte, die mich besonders ermutigen, wann immer ich darüber nachdenke, welches Potenzial zur Verände-
rung der Glaube an Jesus mit sich bringt. Und so kam ich an
den Punkt, an dem ich spürte, dass ich auch hinsichtlich
meiner Vater-Beziehung etwas Neues, ja Heilung wollte.

Seit einigen Jahren erlebe ich nun also so etwas wie einen
verspäteten »Abnabelungsprozess«. Ich weiß: Abgrenzung und
Loslösung von meinen Eltern und meinem Zuhause ist
nicht nur möglich, sondern unabdingbar. Natürlich ist mein
Vater nach wie vor wichtig für mich. Aber ich kann mittlerweile auch ungute Abhängigkeitsstrukturen erkennen. Ein-
flüsse wahrnehmen, die mir nicht gut tun und mich einen-
gen. Weshalb die Erkenntnis »Papa hat eben doch nicht
immer Recht« zwar ein bitterer, aber gleichzeitig ganz
wichtiger Schritt für mich war. Ich will nämlich nicht, dass
Papa mir die nächsten 50 Jahre sagt, was gut für mich ist
oder ob der Mann, der mich interessiert, mir gefallen darf
oder nicht. Stattdessen will ich MEIN Leben leben!

Mit jedem Tag wird mir klarer, wie wichtig es ist, mit
Altem abzuschließen, um etwas Neues zu beginnen. Und

das, was ich bei so manch befreundetem Paar sehe, bestärkt mich darin. Denn mehr als einmal musste ich miterleben, wie zwischen Paaren folgender (oder ein ähnlicher) Satz fiel: »Du musst endlich deine Mutter von der Bettkante stoßen!«

Wenn wir es nicht schaffen, auf gesunde und erwachsene Art und Weise unsere Eltern aus unserem Leben zu »verbannen«, werden wir nie wir selbst sein und kein eigenes Leben führen. Auch keine eigene Ehe! Natürlich nimmt trotzdem jeder Teile von dem, was er aus seiner Herkunftsfamilie kennt, mit in seine Beziehungen hinein. Und vermutlich erinnern sich selbst die Erwachsensten und Selbstständigsten unter uns an irgendeinen »Aha-Moment«, an dem man kurz innehält und realisiert, dass man gerade genauso reagiert hat, wie die eigene Mutter oder der eigene Vater. Wobei es sich in der Regel nicht unbedingt um erstrebenswerte Eigenschaften handelt …

Wahrheit, die frei macht

Jesus hat gesagt: »Ihr werdet die Wahrheit erkennen und die Wahrheit wird euch frei machen!« Darauf baue ich, auch wenn die Wahrheit manchmal hart und bitter ist. Aber sagt nicht schon ein Sprichwort, dass Erkenntnis der erste Schritt zur Besserung ist?

Darum will ich diesen Weg weiter beschreiten, wie steinig er auch sein mag. Ich weiß, dass Jesus mir in diesem Prozess all das zeigen wird, was wichtig für mein Heilwerden ist. Auch Freunde können mir Feedback auf Dinge und Angewohnheiten geben, die sie aus dem Abstand besser wahrnehmen, als ich selber. Und auch so manches Buch, Seminar und meine Seelsorge-Ausbildung haben mir entscheidende

Impulse gegeben. Jedenfalls will ich meine Singlezeit weiter dafür nutzen, von Jesus verändert zu werden. Damit der Juwel, der in mir verborgen liegt, noch ein wenig mehr geschliffen wird, und ich neuer, heiler, gesünder und beziehungsfähiger werde. Bei allem bin ich mir sicher, dass mir im Verlauf meines Lebens noch öfter die ein oder andere Geschichte aus meinem Elternhaus begegnen wird. Darunter sind viele schöne Dinge. Aber eben auch die schweren und nicht guten.

Meinen Mann such ich mir selber!

Mir hat mal jemand gesagt, ich solle Gott nicht ständig meine Katalog-Bestellung hinlegen, auf der stehe, wie Mr. Right denn nun sein soll. Ich solle stattdessen dafür beten, dass Gott mich zu einer Frau mit den Eigenschaften macht, wie ich sie mir auch von einem Partner wünsche.

Meine Liste ist ganz schön umfangreich! Doch sie verändert sich. Nachdem mein Zukünftiger nun nicht mehr alle Eigenschaften meines Vaters erfüllen muss (ich bin ja lernfähig!) und ich dazu einige Erfahrungen in Sachen Männer gemacht habe, weiß ich immer besser, was wirklich wichtig ist. Viele meiner (falschen) Ansprüche habe ich schon zurückgeschraubt. Denn ich muss zugeben: Manche Dinge, die mir einst wichtig waren, sind nicht wirklich wichtig.

Heute frage ich: »Wie soll er sein?«, nicht: »Wie soll er aussehen?« Auch nicht: »Ist er introvertiert oder extrovertiert?« Und ob nun eher der Satz »Gleich und gleich gesellt sich gern« oder »Gegensätze ziehen sich an« stimmt, werde ich in endlosen Gesprächen und im Hören auf mein Herz nie herausfinden! Das muss sich eben ergeben. Das muss ich ausprobieren, erleben. Nur eins weiß ich: Von meinem Papa lasse ich mir da gar nichts sagen! Denn – jetzt mal Butter bei die Fische! – der sucht sowieso nur einen Nachfolger für die Firma und den 11. Mann für seine Fußballmannschaft.

Ines Emptmeyer, Baujahr 1977, ist überzeugte und dialektfreie Niedersächsin mit großer Sehnsucht danach »anzukommen«. Nach einem bewegten und kreativen Leben mit vielen Stationen und Herausforderungen wird das Tempo nun Schritt für Schritt gedrosselt und das Ziel, im Jetzt zu leben, rückt immer näher. Als Erzieherin, Jugendreferentin und Menschenfreundin arbeitet sie derzeit in einer Wohngruppe für Kinder und Jugendliche.

Freundin geklaut!

Dass eine Freundin nach der anderen plötzlich nur noch Augen für den frisch-angetrauten Gatten hatte, machte Ines Weber am Anfang schwer zu schaffen. Doch irgendwann siegte die Freundschaft.

Von Ines Weber

Was haben ein 1,90-großer Halb-Inder, ein blonder Dachdecker aus Sachsen, ein Sinti-Zigeuner aus Bayern und zwei Prediger aus Texas und Haiti gemeinsam? Sie alle haben mir eine Freundin geklaut – und das mitten in der Kirche!

Immer landet Mann bei ihnen mit derselben Masche: Erst verdreht er ihr den Kopf, verspricht ihr ewige Liebe und steckt ihr einen Ring an den Finger. Dann zieht er ein und meine Freundin verbringt Tag und Nacht mit ihm.

Bei so viel männlicher Konkurrenz ziehe ich den Kürzeren, klar! Auf einmal dreht sich alles um jene Krone der Schöpfung, den Märchenprinz und Don Juan ihrer schlaflosen Nächte. Er darf die Telefonleitung blockieren, stinkende Socken im Bad liegen lassen, unseren Gesprächen lauschen und sich dabei auf dem Sofa räkeln. Fehlt nur noch, dass im Radio eine Schnulze à la »Er gehört zu mir wie mein Name an der Tür« läuft!

Doch statt zu protestieren, soll ich mich freuen. FREUEN! Denn schließlich ist meine Freundin jetzt glücklich. Sie ist angekommen und daheim. Aber ich fühle mich allein. Verlassen. Beklaut. Und vermisse die »guten, alten Zeiten«.

Wie überlebt eine Freundschaft bloß diese Herausforderung? Ich gebe zu: Ich zähle nicht zu den Paradebeispielen, was Beziehungskisten angeht. Ich habe mich häufig falsch verhalten. Aber – davon bin ich überzeugt – aus Fehlern lässt sich oftmals mehr lernen, als aus dem vermeintlich Richtigen.

Trauer unterdrücken

Des einen Freud ist des andern Leid? Wenn eine enge Freundin heiratet, kann ein Sturm in der Single-Freundin losbrechen: Soll ich mich freuen oder trauern?

Ich glaube, dass wir Menschen ziemlich komplexe Wesen sind – zumindest was Frauen angeht, würde das wohl keiner bestreiten. Schon Sigmund Freud schrieb: »Die große Frage, die ich trotz meines dreißigjährigen Studiums der weiblichen Seele nicht zu beantworten mag, lautet: Was will eine Frau?« Lieber Herr Freud, hier ist eine der vielen Antworten: Natürlich wollen wir, dass unsere Freundin glücklich ist!

Ein großer Teil in mir freut sich für alle meine verheirateten Freundinnen. Und zwar ganz, ganz doll! Niemals hätte ich es anders gewollt und sie egoistisch an mich gekettet! Doch ein Teil in mir trauert auch über den Verlust, wenn ein Mann meine Freundin klaut. Fakt ist: Nach der Hochzeit verändert sich die Freundschaft. Die Vergangenheit kehrt nie zurück. Da dieser Teil genauso real ist, sollten Singles ihn nicht ignorieren, sondern sich der Realität stellen.

Ich habe oft den Fehler begangen, dass ich dachte, ich könnte nur eines wirklich von Herzen tun – mich freuen oder trauern. Deshalb kämpfte ich mit einem schlechten Gewissen, sobald ich Trauer aufkommen spürte, und unterdrückte sie mit eiserner Faust. Doch das funktioniert nur eine gewisse Zeit. Unterschwellig trauert das Herz weiter und versucht, all die normalen Phasen der Trauer zu durchschreiten: Schock, Leugnen, Feilschen, Depression, Wut und schließlich Annahme der Situation. Wenn ich mich gegen den Prozess wehre, bleibe ich stecken. Dann staut sich viel emotionaler Mist an und ich werde zu denkbar ungünstigen Momenten »stinkig«. Tagelang wünschte ich mir zum Beispiel, dass meine Freundin mal anrufen würde, doch als das Telefon endlich klingelte, wollte ich gleich wieder auflegen, weil ich so traurig war.

Heute weiß ich, dass ich sehr wohl mehrere Gefühle von ganzem Herzen spüren, mich gleichzeitig ehrlich freuen und trauern kann. Und nur wenn ich mich den unangenehmen Gefühlen stelle, bahne ich den Weg für einen Neuanfang.

Rückzug und Versteckspiel

Aus der unterdrückten Trauer folgten Rückzug und Versteckspiel. Einerseits wollte ich Zeit mit meiner Freundin verbringen. Andererseits überschlug sich eine verwirrende Mischung an Gefühlen in mir, wenn ich sie sah oder ihre Stimme hörte: Freude, Wut, Trauer, Unsicherheit … Dadurch war ich nicht mehr ganz ich selbst, nicht mehr so entspannt wie früher.

Meine Freundinnen sind sehr feinfühlig und viele fragten mich offen, wie es mir nun ginge. Doch statt ehrlich darüber zu sprechen, begann ich ein Versteckspiel und setzte fröhliche Masken auf. Warum? Es war mir peinlich, solche negativen Gefühle zuzugeben. Außerdem wollte ich sie nicht belasten und ihre glücklichen rosaroten Wolken mit meinem

Donnerwetter bedrohen. Auch nagten Zweifel an mir, ob meine Freundin überhaupt noch Zeit mit mir verbringen wollte oder ob sie es nur aus Mitleid tat. Was hatte ich ihr denn noch zu bieten? Vieles, was sie erlebte, konnte ich nicht teilen: Hochzeitsnacht, Kommunikation in der Ehe, Kinderträume, usw.

Die beleidigte Leberwurst

Besonders in der Wut-Phase reagierte ich überempfindlich wie ein Zahn voller Karies. Schon die kleinste Bemerkung über mein Single-Leben genügte und ich verwandelte mich in die beleidigte Leberwurst. Sätze wie: »Natürlich will ich mein erstes Kind schon früh bekommen, du weißt ja, je älter man wird ...« oder »Es ist so schön, verheiratet zu sein!«, taten einfach weh und Aussagen wie: »Nee, ich bin keine Karrierefrau ...«, vervollständigte ich in Gedanken mit »... wie du!« Tagelang brummten diese Worte in meinem Kopf. »Als du noch Single warst«, dachte ich oft, »hättest du so was nie von dir gegeben!«

Außerdem war ich eingeschnappt, weil sie nicht öfter anrief oder nicht ranging, wenn ich versuchte, sie abends zu erreichen. »Wahrscheinlich ist sie mal wieder im Bett!«, dachte ich beleidigt. In manchen Momenten wollte ich das glänzende Hochzeitsfoto genüsslich zerreißen und die Stücke in den Mülleimer krümeln. Warum hatte sie mir dieses Foto überhaupt geschickt? Dachte sie, ich bräuchte noch eine Erinnerung an jenen Tag?

Dabei war das Beleidigtsein in Wirklichkeit ein Versuch, vor meinen eigenen Gefühlen wegzurennen. Wut fühlt sich weniger verletzlich an als Trauer. Der Versuch hatte allerdings Nebenwirkungen. Lange Zeit meldete ich mich gar nicht mehr, Motto: »Gut, dann sieh doch zu, wie du ohne mich zurechtkommst!« Doch das ließ die innere Mauer zwischen uns noch höher werden. Glücklicherweise ließen meine Freundinnen nicht locker, bis ich endlich aus meinem Schneckenhaus gekrochen kam.

Das große Schweigen

Im Rückblick merke ich, dass mein größter Fehler darin bestand, das Schweigen nicht gebrochen zu haben. Ich habe alles in mich hineingefressen, weil ich meine Freundin nicht verletzen wollte. Natürlich hilft es einer Freundschaft nicht, alle Gefühlswellen bei der Freundin auszuschütten. In der ersten Zeit ist es besser, ihr Briefe zu schreiben, die man nie abschickt. Nachdem die ersten Stürme vorbei waren, hätte ich jedoch offener mit meiner Freundin über meine Gefühle sprechen sollen. Ich hätte Missverständnisse klären und über das reden sollen, was mich verletzt hat.

Vor allem ist es wichtig, weiterhin mein Leben mit meiner Freundin zu teilen – denn das ist das Band der Freundschaft. Ich bin so dankbar, dass keine meiner Freundinnen mich aufgegeben hat. Sie haben immer wieder ihr Freud und Leid mit mir geteilt und auch mir zugehört. Deshalb sind mir diese Freundschaften erhalten geblieben.

Außerdem war es wichtig für mich, Komplexe zu überwinden: Auch als Single bereichere ich meine verheiratete Freundin. Selbstverständlich habe ich einiges zu bieten, obwohl ich keinen Ehering trage und selten Windeln wechsle. Und dazu verschwindet das Fundament einer engen Freundschaft keineswegs nach der Hochzeitsnacht.

Was mir immer noch schwerfällt: Wünsche auszusprechen. Oft verfalle ich der Illusion, dass Freunde Gedanken lesen können. Obwohl manche Glückstreffer landen, führen Telepathie und Bauchgefühl im Allgemeinen zu Missverständnissen. Deshalb will ich mich lieber überwinden und meine Wünsche laut ausdrücken, direkt und deutlich. Zum Beispiel: »Ich wünsche mir mal ein paar Stunden allein mit dir.«, »Können wir mal wieder ungestört telefonieren?«, »Bitte erzähl das nicht deinem Mann!« Oder: »Ich möchte nicht noch ein Hochzeitsfoto, lieber eins mit dir und mir als Erinnerung an deinen großen Tag.« Und auch: »Bitte lass doch die Zeremonie mit dem Brautstrauß-Werfen weg. Es ist immer so demütigend, in dieser Gruppe zu stehen.«, »Bitte bete doch mit mir!«

Geduld und Dankbarkeit

All die Gefühle lassen sich nicht von heute auf morgen verarbeiten. Es dauert eine Weile, bis ich mich daran gewöhne, dass eine Freundschaft sich verändert. Es tut weh, ein Stück Idealismus aufzugeben, was die »ewige Freundschaft« angeht. Doch selbst die innige Freundschaft zwischen Frodo und Sam in »Herr der Ringe« blieb nicht ewig gleich. Geduld ist gefragt und Dankbarkeit. Freundinnen sind ein Geschenk des Himmels. Es gibt kaum etwas Besseres, als das Leben mit jemandem über Jahrzehnte zu teilen.

Und noch etwas: Es wird immer Momente zwischen Freunden geben, die sie nie mit ihrem Ehepartner erleben werden. Da ist ein Platz in ihrem Herzen, den sonst niemand ausfüllen kann, eine Sehnsucht nach einer besonderen Vertrautheit: Freundschaft. Spätestens ein Jahr nach der Hochzeit wünschen sich die meisten verheirateten Frauen wieder mehr Zeit mit ihrer Freundin – mal wieder ausgelassen und stundenlang plaudern, beten, shoppen gehen, lachen oder sich ausheulen ... wie in den guten alten Zeiten!

PS. Und was ist mit dem »Dieb«? Ja, es ist möglich, diesen Mann irgendwann zu mögen und gut mit ihm auszukommen. Trotzdem steht für mich fest: Ich bin die Freundin meiner Freundin, nicht seine Freundin! Ich wahre eine gesunde Distanz und halte mich aus Ehestreit so gut wie möglich raus.

Eine schwierige Situation, in der ich mich – Gott sei Dank – nie befunden habe, ist es, wenn man als Single-Freundin früher einmal selbst an dem Bräutigam interessiert war, offen oder heimlich. Dann ist es Zeit, Abstand zu gewinnen, bis ein Neuanfang möglich ist.

Ines Weber, Jahrgang 1979, ist Weltenbummlerin und Brautjungfer-Expertin, arbeitet als Redakteurin und lebt zurzeit in den USA. Was ihr am besten am Singlesein gefällt, ist ungestörtes Ausschlafen. Außerdem lernt sie, bei Single-Fragen wie: »Aber Nonne willst du nicht werden, oder?« zu lächeln und bedeutungsschweres Schweigen folgen zu lassen.

Kein Ticket 2. Klasse

Sind Singles wirklich diejenigen, die auf der Reise
durchs Leben die billigen Plätze einnehmen müssen?
Ingrid Heinzelmaier sagt entschieden nein.

Von Ingrid Heinzelmaier

Mein Papa hat bei der Bahn gearbeitet. Als Studentin konnte
ich bei Zugfahrten in der 1. Klasse einsteigen. Da saß ich
dann zwischen lauter Business-Leuten und genoss die Ruhe
im Abteil und die Beinfreiheit zwischen den Sitzen. »Erste-
Klasse-Fahren« war schon eine angenehme Sache – besonders dann, wenn die Züge voll waren und manch andere
Studentinnen und Studenten im Korridor der zweiten
Klasse sogar stehen mussten.

Unerhörte Herzenswünsche

Heute bin ich »50 plus« und all die Jahrzehnte Single gewesen. Und ganz ehrlich: Manchmal klopft sie auch bei mir an,
diese hartnäckige Frage, ob denn das Nicht-verheiratet-Sein
so etwas ist wie ein »Ticket 2. Klasse« auf der Fahrt durchs
Leben. Das Singleleben war nicht von Jugend an mein Herzenswunsch. Aber es ist so geworden. Ich habe mit 17 mein
Leben einem allmächtigen Gott anvertraut und ihn gebeten,
dass er Regie über alles führt. So kann mein Singlesein für
mich also kein Zufall sein. Wenn ein allmächtiger und lie-

bender Gott es zulässt, dann tue ich gut daran, seine Wege mit mir nicht abzuqualifizieren, nur weil es mir auch schwerfällt. Rein äußerlich hat es einfach nicht geklappt mit der Partnerwahl. Ich war wohl immer in die falschen Männer verliebt (nämlich in die, die sich offensichtlich nicht für mich interessierten). Und ein ganz wichtiger Punkt, von dem ich auf keinen Fall abweichen will: Ich will mich nur dann in eine feste Partnerschaft hinein »trauen«, wenn der andere die gleiche innere Orientierung hat wie ich. Weshalb für mich nur jemand in Frage kam und kommt, der engagiert mit Jesus unterwegs ist. Klar ist mir auch: Zwei, die sich einander anvertrauen für eine lebenslange Nahbeziehung, sollten auch sonst zueinander passen. Ausbildung und Herzensbildung sind keine Nebensache. Manchmal habe ich in christlichen Single-Seminaren gesagt, was ich einmal in einer Untersuchung gelesen habe: »Für studierte Frauen über Vierzig ist die statistische Chance einem Attentat zum Opfer zu fallen größer als die, den passenden Partner zu finden.« Das ist – zugegeben – ein provozierendes Zitat von einem Psychologieprofessor. Wenn ich damit rausgekommen bin, habe ich immer gespürt, wie die Gruppe reagiert hat: »Nein, das kann doch nicht sein, das passt nicht zu unserem Bild von Gott. Im Neuen Testament ist doch die Rede von einem Gott, der es gut meint mit den Menschen, die sich ihm anvertrauen. Wie kann dieser Gott zulassen, dass die Erfüllung meines Herzenswunsches fast aussichtslos ist?«

Bittere Pille oder Geschenk Gottes?

»Wie kann Gott …?« – das ist keine gute Frage. Denn wenn wir sie genauer betrachten, wird klar, dass ich mich mit ihr über ihn stelle und Gott unverhohlen erkläre, dass er einen Fehler gemacht hat, indem er Frauen, die ihn lieb haben, in eine so schwierige Situation bringt. In allen christlichen Kreisen, in denen ich bisher unterwegs gewesen bin, war das Zahlenverhältnis zwischen männlichen und weiblichen Singles reichlich unausgewogen. Muss ich also entweder die bittere Pille schlucken und Single bleiben – oder doch den Kompromiss eingehen und eine Partnerschaft zulassen, in der der andere nicht meine Glaubensgrundlage teilt?

Letzteres kann ich einfach nicht empfehlen. Schon zu oft habe ich miterlebt, wie eine geistlich ungleiche Partnerschaft auf die Dauer Lebensmut und Gesundheit zerstört. Um an den Herausforderungen einer Ehe nicht zu zerbrechen, braucht es wirklich Gott als den Dritten im Bunde.

Aber der zunächst bittere Geschmack der Pille »Leben als Single« muss nicht für immer bitter bleiben. Und wieder hatte die für mich entscheidende Wende in diesem inneren Dilemma mit meiner Beziehung zu Gott zu tun. Einer meiner persönlichen Programmsätze fürs Leben stammt aus dem Römerbrief. In Kapitel 8,28 schreibt Paulus: »Wir wissen, dass Gott bei denen, die ihn lieben, alles zum Guten führt« (Einheitsübersetzung). Wenn ich das ernst nehme, darf ich mein Singleleben nicht herausnehmen aus diesem »Alles«. Dann ist das Leben ohne Ehepartner eben kein »Ticket 2. Klasse« auf der Fahrt durchs Leben, wo ich mir eingeengt mein kleines Plätzchen suche und wo das »wahre Glück« scheinbar draußen bleibt.

Auch Singlesein ist eine Sache von Glauben und Gottvertrauen. Ich glaube an einen Gott, der auch in meinem Leben keine Fehler macht, mir aber auch Wachstumskrisen nicht erspart, weil er möchte, dass ich näher zu ihm komme und ihm ähnlicher werde.

Warum aber hat Gott mich als Frau oder Mann mit dieser starken Sehnsucht nach dem ganz persönlichen Traumprinzen oder der Traumprinzessin geschaffen? – Es kommt darauf an, wie ich mit meiner Sehnsucht umgehe. Wenn ich mein ganzes Leben als kostbares Geschenk verstehe, das Gott mir macht, muss diese Sehnsucht mich nicht zerreißen. Sie muss mich nicht in die Arme von jemandem treiben, der gar nicht zu mir passt. Diese Sehnsucht ist Teil dessen, was Gott in mir geschaffen und angelegt hat, aber sie ist nicht alles. Und jeder – ob verheiratet oder nicht – hat in seinem Leben Bereiche, wo der Satz von Dietrich Bonhoeffer gilt: »Es gibt ein erfülltes Leben trotz unerfüllter Wünsche.« Richtig integriert kann diese Grundspannung mein Leben sogar kreativer und erfüllter machen. Und übrigens: Die volle Erfüllung finden wir alle ohnehin erst dann, wenn wir als Jesusleute ganz nach Hause gekommen sind zu unserem Vater im Himmel.

Hinter dem Horizont geht's weiter

Als Redakteurin habe ich bei ERF Medien im Sommer 2009 eine neue Sendereihe in Radio und Fernsehen gestartet: »FORUM Single«. Hier wollen wir Mut zu einem »runden und ganzen Leben als Single« machen. Jesus hat das »Leben in Fülle« allen versprochen, die ihn lieb haben – nicht nur denen, die verheiratet sind. Gott hat keine »Lieblingskinder«, sondern streckt seine liebende Hand nach allen aus, die sie ergreifen wollen.

Diese Perspektive möchte ich weitergeben. Ganz persönlich und auch über die Medien, mit denen ich fast mein ganzes berufliches Leben gearbeitet habe. Jesus kann aus dem Singleleben ein rundes, ein ganzes Leben machen, wenn ich es ihm anvertraue – auch mit all seinen Bruchstücken und Bruchlandungen. Das gilt für die, die immer schon Single waren. Das gilt für die, die in Partnerbeziehungen gescheitert sind. Und ohne Frage auch für die, bei denen der frühe Tod des Partners eine innere Wunde hinterlassen hat, die immer wieder aufreißt.

Wunden und Narben tun weh, aber wir dürfen sie zu einem »Heiland« bringen. »Jesus, Heiland meiner Seele«, hat Charles Wesley gedichtet. Die methodistische Bewegung im England des 18. Jahrhunderts war eine der vielen Aufbruchsbewegungen der Geschichte, in denen deutlich wurde: Gottes Spezialität ist das Heil- und Ganzmachen. Viele kranke und verarmte, innerlich und äußerlich kaputte Menschen sind in dieser auf Gemeinschaft angelegten Bewegung heil geworden durch die Begegnung mit einem lebendigen Heiland. Diese uralte Bedeutung des »Heilens« steckt auch in der ältesten deutschen Christusbezeichnung »Heliand« (Heiland).

Heilwerden aber ist ein Prozess und kein »Ein-für-alle-Mal«. So ist das Leben: Wir sind und bleiben unterwegs. Keiner von uns weiß, was hinter der nächsten Kurve seines Lebens auf ihn wartet. Die glücklich Verheirateten können nur allzu schnell eingeholt werden von einer bösartig verlaufenden Krebsdiagnose bei sich selbst oder dem Partner. Und natürlich gibt es auch die wunderbare Fügung der »späten Liebe«. Kaum einer hat so schön davon erzählt, wie der englische Autor C. S. Lewis in seinem Bericht »Shadowlands« – auf Deutsch publiziert unter dem Titel »Späte Liebe«. Seine Botschaft will ich zusammenfassen mit dem Satz: Es gilt zu lernen, mein Alleinstehendsein Gott anzuvertrauen, es als seinen besten Willen für mich jetzt und heute zu verstehen. Und dennoch gespannt zu bleiben, was dieser große Gott hinter der nächsten Biegung für mich bereithält.

Diese Haltung erlebe ich als befreiend. Sie nimmt den deprimierenden Druck, den ich so oft gespürt habe in Gesprächen und Gebeten von Alleinlebenden. Ob ich Single bin und bleibe, ist Sache meines Gottes, dem ich mich und mein Leben anvertraut habe. Das befreit mich auch davon, mit Zittern und Zagen auf Annoncen zu reagieren und meine knappe Zeit und seelische Kraft in Partnerbörsen im Internet oder sonstwo zu investieren.

Initiativen wider das Versauern

Eine der ersten Reaktionen auf FORUM Single kam übrigens übers Internet. Dieses Votum ging gleich zur Sache: »Verbessern von äußeren Parametern macht Einsame noch lange nicht glücklicher. Tagsüber happy, aufgeschlossen und erfüllt – aber abends das Kopfkissen nassweinen. Die entscheidende Frage ist, wie man gute Beziehungen gestaltet und nicht wie man das Alleinsein optimiert.«

Dem stimme ich zu. Ein Leben als Single muss für mich kein »für mich alleine leben« bleiben. Es gibt bereits an vielen Orten Initiativen und Bewegungen, wo alleinstehende Christen sich finden. Sie rücken näher zueinander und sind bereit, auch neue Gemeinschaftsformen auszuprobieren. Ich selbst teile seit über zwanzig Jahren gerne die Wohnung mit einer Kollegin und Freundin. Sie ist der feste Bezugspunkt und die erste Ansprechpartnerin in meinem Leben. Das ist für mich eine wertvolle Hilfe. Wenn Singles sich wieder neu öffnen lernen für positiv gelebte Beziehungen, dann kann auch die beim langen einsamen Warten auf den Traumpartner schier eingefrorene Gefühls- und Erlebniswelt wieder auftauen. Wohngemeinschaft oder bewusst gelebte Nachbarschaft sind echte Alternativen. Je nachdem, wie es passt, und je nachdem, wie es finanziell möglich ist. Und auch dazwischen sind viele Abstufungen denkbar.

Ich weiß, das ist nicht einfach. Es braucht noch viel Bewusstseins-Erweiterung, gerade in kleineren christlichen Gemeinden. Was Familien dient, ist Gott sei Dank fast überall im Blick und wird in der Predigt und in den Gemeinschaftsangeboten aufgegriffen. Aber auch Singles brauchen die Hilfe der anderen, damit ihr Alleinleben kein Versauern wird. Wie schön, wenn auch Familien und Paare anfangen, ein Gespür für diese Situation zu entwickeln und anfangen, ihre kostbaren freien Zeiten auch mit Singles zu teilen. Und wenn sich im Gegenzug auch Singles ohne »Zweite-Klasse-Gefühle« auf das Miteinander mit den Verheirateten und deren Familien einlassen können. Das ist »koinonia«, die Grenzen sprengende Gemeinschaft der ersten Christen. Ich gebe zu: An vielen Orten – auch dort, wo ich lebe – ist das noch Zukunftsmusik. Aber ich glaube an diese Vision und beobachte, wie sie anfängt, sich in immer mehr christlichen Gemeinden und Gemeinschaften zu entwickeln. Und im Glauben weiß ich: Die Zukunft beginnt jetzt!

Ingrid Heinzelmaier, Jahrgang 1956, arbeitet als Redakteurin bei ERF Medien in Wetzlar und ist dort unter anderem für die Radio- und TV-Reihe »Forum Single« verantwortlich.

Es muss was Anderes geben

Das Abzählen von Blütenblättern gibt leider keine Antwort auf die brennende Frage, die viele Singles umtreibt: Hat Gott (noch) einen Partner für mich oder nicht? Und wenn nicht, was dann?, fragt Astrid Eichler.

Von Astrid Eichler

Im christlichen Umfeld gibt es viele unverheiratete Menschen. Kein Wunder, denn auch im Gesamten gibt es in unserer Gesellschaft immer mehr Singles. Hinzu kommt: In Gemeinden gibt es (fast) immer und (fast) überall mehr Frauen als Männer (zählen Sie mal nach!), also auch bei den Singles. Damit gibt es rein rechnerisch gar nicht für jede Frau einen christlichen Mann.

Aber es kann doch auch ein Nicht-Christ sein, oder? Ein spannendes Thema! Vielleicht fragen Sie am besten jene, die als entschiedene Christen einen Nicht-Christen geheiratet haben. Sie wissen, wovon sie reden. Wenn mir diese Frage gestellt wird, sage ich immer: »Ich kann es mir nicht vorstellen, dass ich das, was mein Leben zutiefst ausmacht und mir das Kostbarste ist, nämlich die Beziehung zu Jesus Christus, mit dem Menschen, der mir der allernächste ist, nicht teilen kann. Diese Einsamkeit möchte ich nicht erleben.«

Ringen mit Gott

Aber mein Leben lang allein? Das kann es doch nicht sein! Ich werde nie vergessen, wie in den Jahren, in denen die Frage meines Lebensstandes für mich ein wirklicher Kampf war, ich mit Gott um diese Frage rang. Nachdem ich einer Freundin mal wieder mein Herz ausgeschüttet hatte, sagte sie zu mir: »Astrid, es gibt nur einen Weg: Gib dich Gott ganz hin, vertraue dem Herrn!«

Es traf mich tief, als ich merkte, dass genau hier das Problem saß. Ja, die Krise, in der ich stand, war zuletzt und zutiefst eine Glaubenskrise. Es war die Krise meines Vertrauens zu Gott. Das ging tief. Ich merkte, die Lösung meines Problems wäre nicht ein Mann, sondern wäre es, Gott zu vertrauen. Es war ein Kampf, über Wochen, Monate, Jahre.

Eines Tages – ich lag an einem bewölkten Sommertag auf einem Liegestuhl, mal wieder tief verstrickt im inneren Ringen – war es plötzlich, als ob der Himmel aufriss und die Sonne hindurchstrahlte: In mir tauchten sehr klar zwei Gedanken auf. Es waren eigentlich zwei Gebete, die sich in meinem Herzen formten: »Herr, ich höre jetzt auf, mir anzumaßen zu wissen, was das Beste für mich ist. Ich weiß es nämlich nicht. Du aber weißt es.« Und: »Ich bitte dich darum, dass die Liebe zwischen uns größer wird als der Schmerz, den ich jetzt empfinde und erlebe.«

Als ich das erste Gebet gesprochen hatte, war es, als ob eine Tür aufginge und ich heraustreten konnte aus dem Gefängnis meiner Gedanken, Wünsche, meines Drängens, Bittens und Klagens. Und da draußen gab es Freiheit. Vertrauen verändert alles – das spürte ich so deutlich wie nie zuvor. Aber ich erlebte auch, dass dieses Vertrauen ein Geschenk in mein Ringen hinein war. Lange, lange hatte ich gesagt:

»Herr, ich will dir vertrauen«, und es war mir doch nicht gelungen. Doch ganz offensichtlich hatte Gott meinen Willen sehr ernst genommen, hatte das, was ich ihm oft genug unter Tränen gesagt hatte, aufgenommen und jetzt erfüllt mit seiner Kraft, mit seinem Licht und seinem Vertrauen.

Das zweite Gebet ist er dabei zu erhören, mehr und mehr und mehr. Und ehrlich gesagt: Ich möchte nicht tauschen. Die Liebe zwischen Gott und mir ist heute kostbarer als ich es mir je hätte ausdenken können.

Die Erfahrung meines eigenen Misstrauens gegen Gott und die Verwandlung hin zum Vertrauen, ist für mich eine Erfahrung, die mich ungemein ermutigt. Ich habe erlebt, dass Gott mich nicht als Glaubensheldin will, bevor er sich überhaupt mit mir abgibt. Nein, er braucht gar nicht meine vollmundigen Bekenntnisse. Aber er sucht mein Herz, das sich ihm hinhält wie ein Gefäß. Ich habe ihm mein Misstrauen hingehalten, habe ihm gesagt: »Ich will dir vertrauen«, und dann hat er gehandelt. Meinen Willen zu vertrauen hat er verwandelt in wirkliches Vertrauen, dass er weiß und kennt und sieht und das Beste für mich hat.

Es lohnt sich, der Stimme des eigenen Herzens zu lauschen, Sorge für die eigene Seele zu betreiben, damit ich froh leben kann – ob mit Partner oder ohne Partner. Denn immerhin: Es geht um mein Leben und ich habe nur eins! Und das ist wahrlich zu schade, als dass ich es auf dem Bahnhof verbringe: »Kommt er oder kommt er nicht?«

Für immer allein?

Aber allein bleiben – das ganze Leben lang? Nein! Das kann es nicht sein! »Es ist nicht gut, dass der Mensch allein sei«

(1. Mose 2,18a). Dieser Satz gilt auch für Singles. Und es gilt ihn ernst zu nehmen. Je länger, je mehr bin ich davon überzeugt, dass das Leben zwischen Beruf, Gemeinde, Ein-Personen-Haushalt und Hobbys nicht das ist, was Gott sich gedacht hat, auch nicht für Singles.

Wir sind als Menschen für Gemeinschaft geschaffen. Die Sehnsucht nach Gemeinschaft ist etwas, das Gott zutiefst in uns angelegt hat. Denn es entspricht seinem Wesen. Gott ist in der Dreieinigkeit vertraute Gemeinschaft. Und als »sein Bild« sind auch wir gemacht für solch vertraute Gemeinschaft. Es ist eine göttliche Sehnsucht in uns, nicht allein sein und bleiben zu wollen. Es ist das ganz Ursprüngliche und Schöpfungsgemäße, dass die Sehnsucht nach Beziehung das Gegenüber im Partner, im Mann, in der Frau, sucht.

Aber Ehe ist nicht die einzige Form, Gemeinschaft, Vertrautheit und Beziehung zu erleben. Die Ehe ist nicht der einzige Weg, ein erfülltes Leben zu finden und zu leben. Vor allem dann nicht, wenn der Wunsch nach einer Ehe, die mir nicht gegeben ist, mein Leben prägt und dominiert und letztlich zerstört, weil alles darauf ausgerichtet ist.

Auch wenn es im Alten Testament tatsächlich undenkbar war, ohne Ehe zu leben – seit Jesus ist Unmögliches möglich. Er hat in vieler Hinsicht und in jedem Lebensbereich Unmögliches getan: Kranke geheilt, Schuld vergeben, Gefangene befreit, Tote auferweckt. Er hat auch von der neuen Möglichkeit gesprochen, um des Reiches Gottes willen ohne Ehe zu bleiben (Matthäus 19,12). Paulus sprach sogar vom Charisma der Ehelosigkeit (1. Korinther 7). Eine Gnadengabe, die ganz offensichtlich nicht zu den »begehrten« gehört. Jesus selbst und viele seiner Nachfolger/innen waren unverheiratet. Und wenn ich in die Kirchengeschichte schaue, dann entdecke ich, wie zu ganz verschiedenen Zeiten die Ledigen, besonders Frauen, ein überaus wirksames und wertvolles Instrument in der Hand Gottes waren. Mit ihnen hat er Dinge bewegt und verändert. Dabei geht es überhaupt nicht um Ausspielen des einen Standes gegen den anderen. Im Mittelalter hieß es, dass die ehelos Lebenden, die Zölibatären, die besseren Christen wären. Das war ein Punkt, gegen den die Reformation sich richtete, nachhaltig und mit Erfolg.

Wer sich im Protestantismus umschaut, merkt, dass das Pendel inzwischen in die andere Richtung ausgeschlagen ist: So richtig »richtig« sind doch eigentlich nur die Verheirateten, oder? In vielen Gemeinden gibt es eine sehr klare und einseitige Ausrichtung darauf, dass Heiraten »normal« ist und Unverheiratete irgendwie zu bedauern sind, dass das Glück die Ehe und das Unverheiratetsein eigentlich nur Unglück sein kann. Abgesehen davon, dass das in der Bibel so nicht zu finden ist, widerspricht dem auch die Erfahrung rundum. Leider kenne ich viel zu viele unglückliche Ehen, als dass ich glauben könnte oder wollte, dass die Ehe der vollkommene Weg zum Glück ist. Leider!

Und Kinder? Das ist ein anderes weites Feld. Der Wunsch nach Kindern ist tief angelegt in uns, besonders uns Frauen. Es ist und es bleibt ein Schmerz, wenn dieser Wunsch unerfüllt bleibt, ganz sicher. Aber wer hat uns ein Leben ohne Schmerz versprochen? Wo steht es, dass alle unsere Wünsche in Erfüllung gehen werden?

Es gibt kein Leben, in dem sich alles erfüllt, es bleibt der Schmerz von Verzicht, Verlust, unerfüllten Wünschen und Enttäuschungen. Es ist eine große Aufgabe, damit umzugehen, nicht zu verdrängen, nicht zu überspielen, sich dem zu stellen, aber darin nicht zu ertrinken. Es geht darum, sorgsam mit unserer Seele umzugehen. Es ist ein Weg, der gegangen werden muss, aber nicht im Kreis, sondern Schritt für Schritt nach vorn, auf den hin, der allen Mangel ausfüllen und alle Sehnsucht erfüllen will und kann. Der Mangel, die Trauer, der Schmerz – sie dürfen nicht zu unserem Gott werden.

Leben ist mehr

Es muss was Anderes geben als eine einsame, traurig wartende Single-Existenz, ein Leben auf dem Bahnsteig. Es muss aber auch was Anderes geben als ständig auf Achse zu sein, unterwegs von einem zum anderen. Was Anderes als »arbeiten, essen, schlafen«. Es muss was Anderes geben als ständig auf der Suche zu sein: Wo bin ich zu Hause? Wo gehöre ich dazu? Mit wem werde ich alt? Wo werde ich sterben? Es muss was Anderes geben – ein Leben in fröhlichem Vertrauen zu Gott, dass er es gut mit mir meint. Ein Leben mit Vision unabhängig von Ehe oder Nicht-Ehe, ein Leben im Frieden mit dem, was ist und was nicht ist. Ein Leben ohne Ehe und doch nicht allein.

Gemeinschaft mit Menschen, die, so wie ich, in der Liebe Gottes ihr Zuhause haben und miteinander einen Raum gestalten, in dem sie diese Liebe und dieses Leben miteinander teilen. Gemeinschaft mit Menschen, die einander helfen, Gott mehr zu vertrauen und ihn mehr zu lieben, die einander Zuwendung und Korrektur geben, um persönlich und geistlich zu wachsen, die einander Zugehörigkeit, Heimat und Schutz geben, die miteinander Licht und Salz in dieser Welt sind.

Es gibt in unserer Zeit viele Aufbrüche zur Gemeinschaft hin. Ganz sicher, weil es das ist, was Gott am meisten am

Herzen liegt für die Menschen unserer Zeit. Wir können uns zusammenfinden und gemeinsam einen Weg gehen. Wie beim Hausbau braucht die Bauplanung Zeit, dann das Fundament. Es geht nicht darum, schnell ein paar Single-WGs zu gründen. Es geht darum zu fragen: »Herr, was willst du in unserer Zeit mit uns leben, gestalten, tun?« Wenn wir einen gemeinsamen Weg gehen wollen, muss über Themen geredet werden wie Zeit, Ort, Geld, Dienst. Verbindlichkeit ist gefragt. Sie kann wachsen, ein Prozess, eine Entwicklung mit verschiedenen Stadien, wie eine Blüte, die langsam aufblüht.

Einige haben sich schon auf den Weg gemacht. Fundamentsteine liegen schon. Ein Netzwerk entsteht. Könnte es nicht sein, dass Gott selbst etwas Neues wachsen lassen will, weil er in unserer Zeit und Welt Zellen der Liebe und des Lebens braucht?

Astrid Eichler, Jahrgang 1958, mag Fußball und ist deshalb Samstagabend am liebsten ganz Single. Ansonsten hat sie zur Zeit viele Männer, da sie als Pfarrerin in einer Justizvollzugsanstalt in Berlin arbeitet. Als Single weiß sie, dass es wirklich immer noch was Anderes gibt: www.emwag.de

Wenn Singles Geschichte schreiben

Singles waren zur Zeit Jesu eher die Ausnahme. Und doch
verzichteten viele seiner ersten Nachfolger bewusst auf eine
eigene Familie, um ihre ganze Kraft in Gottes anbrechendes
Reich zu investieren. Klaus Schönberg beleuchtet drei der
engsten Single-Freunde Jesu, die Geschichte schrieben.

Von Klaus Schönberg

Eine Tatsache, die uns nur sehr selten ins Bewusstsein
dringt, wenn wir an Jesus denken, ist diese: Jesus war Single.
Und auch die meisten seiner Jünger und Jüngerinnen lebten in der Zeit, in der sie mit Jesus unterwegs waren als
Singles. Er hatte sich, zusammen mit seinen Nachfolgern,
bewusst dagegen entschieden, das Leben auf eine eigene
Familie zu konzentrieren. Der Dienst Jesu wurde hauptsächlich von Singles, die familienfern lebten, vorangebracht.
Matthäus berichtet: »Jesus sprach: ›Wer ist meine Mutter,
und wer sind meine Brüder?‹ Und er streckte die Hand
aus über seine Jünger und sprach: ›Siehe da, das ist meine
Mutter, und das sind meine Brüder! Denn wer den Willen tut meines Vaters im Himmel, der ist mir Bruder und
Schwester und Mutter‹« (Mt 12,46). Jesus lebte zumindest
vom Zeitpunkt seiner Taufe bis zu seinem Tod und seiner
Auferstehung in einer »prophetischen Ersatzfamilie«, die
größtenteils aus Alleinstehenden bestand, die in einer Le-
bens- und Gütergemeinschaft standen. Das allein war damals schon ein Skandal, denn Frauen wurden in aller Regel

mit 14 oder 15 Jahren, die Männer im Alter von 20 Jahren verheiratet.

Jesus und seine Singlefreunde

Die wenigen guten Freunde, die Jesus hatte, scheinen ebenfalls Singles gewesen zu sein. Im Johannes-Evangelium wird berichtet, dass Jesus drei Mal nach Jerusalem pilgerte und jedes Mal in einem Jerusalemer Vorort namens Betanien übernachtete. Dort lebten drei Geschwister in einem Haus, in dem Jesus Gastfreundschaft genoss. Zwei Schwestern, Maria und Marta, und ihr Bruder Lazarus. Sie stellten Jesus ihr Haus zur Verfügung, damit er sich dort ausruhen, lehren und Gäste empfangen konnte. Die drei biblischen Erzählungen berichten von der Freundschaft zwischen Jesus und den drei Geschwistern. Von einer Männerfreundschaft mit Lazarus und auch von Jesu Freundschaft mit zwei ledigen Frauen.

Die eine Schwester und Freundin Jesu hieß Marta. Marta heißt übersetzt »Herrin« und sie schien diese Rolle auch in der Geschwisterkonstellation eingenommen zu haben. Sie schmiss den Haushalt, war gut organisiert und verköstigte auch mal ein Dutzend Gäste mehr. Nur wenn sie durch eine Situation überfordert war, neigte sie dazu, einen Schuldigen zu suchen.

Die andere Schwester und Freundin Jesu hieß Maria. Maria wird von Mirjam abgeleitet, der Prophetin und Schwester des Mose. Und so zeigt auch ihr Name auf ihre Lebensaufgabe. Maria nahm ihre Rolle als perfekte Gastgeberin nicht immer ernst. Sie weigerte sich sogar, für das leibliche Wohl der Gäste zu sorgen, weil sie lieber wie die anderen

Gäste Jesus während der Lehrgespräche zuhörte. Maria war hungrig nach Leben, nach Worten des Lebens, und so hörte sie dem zu, der Worte des ewigen Lebens hatte. Maria war diejenige, die im richtigen Moment mit großer Liebe und Kühnheit handelte.

Der Bruder und Freund Jesu hieß Lazarus. Sein »zweites Leben« nach seiner Auferweckung von den Toten (Joh 11) bezeugt in eindrücklicher Weise die Bedeutung seines Namens: »Gott hat geholfen«. Darüber hinaus haben wir von ihm keine biographischen Notizen. Vielleicht war er auch wie viele Männer nur etwas sparsam mit seinen Worten.

Berühmt und unvergessen

In den drei Geschichten wird erzählt, wie der Umgang und die Freundschaft mit Jesus dazu führten, dass zwei Geschwister berühmt und Maria von Betanien sogar unvergesslich wurde.

Der Evangelist Lukas erzählt uns die erste Geschichte. Sie beginnt mit einem Besuch Jesu in Betanien. Von Lazarus hören wir nichts. Maria und Marta stehen im Mittelpunkt (Lk 10,38–42). Während Maria nach Jesu Ankunft im Haus seiner Lehre zuhört, ist die eifrige Marta dabei, den Gast zu bedienen. Irgendwann reicht es ihr und sie beklagt sich bei Jesus darüber, dass Maria ihr nicht bei der Bewirtung hilft. Dieser antwortet ihr: »Marta, Marta, du hast viel Sorge und Mühe. Eins aber ist not. Maria hat das gute Teil erwählt; das soll nicht von ihr genommen werden« (Lk 10,42). Marta bekommt für ihre mühevolle Arbeit einen Tadel und Maria für ihr »Nichtstun« ein Lob.

Ich bin ziemlich sicher, dass unsere Benotung anders ausgefallen wäre, wenn jemand, der in der Küche eingeteilt war, einfach lieber dem Referenten zugehört und sich trotz Ermahnung geweigert hätte, seinen Dienst zu tun. Marta wählt den Dienst für Jesus – doch Maria erwählt Jesus! Wie oft entziehen wir uns Jesus, indem wir lieber eine Stunde für ihn arbeiten, als es eine Stunde bei ihm auszuhalten? Indem Maria Zeit mit Jesus verbringt, wächst ihre Liebe zu ihm. Sie lernt ihn und seine Absichten besser kennen und wird genau dadurch für den entscheidenden Dienst an Jesus vorbereitet.

Warten auf Jesus

In der zweiten Geschichte berichtet uns der Evangelist Johannes (Joh 11,1f), dass die Freundschaftsbeziehung der Geschwister zu Jesus durch eine Krankheit auf die Probe gestellt wurde. Lazarus war krank geworden. »Als Jesus nun hörte, dass Lazarus krank war, blieb er noch zwei Tage an dem Ort, wo er war« (Joh 11,6). Lazarus starb – doch Jesus kam nicht. Genau so kommen wir uns manchmal vor, wenn wir beten und nichts geschieht. Jesus kommt nicht zu Hilfe, scheint alle Zeit der Welt zu haben, obwohl unsere Zeit abläuft, die biologische Uhr tickt und wir jedes Jahr älter werden.

Als Jesus einige Tage später nach Betanien kam, lief ihm Marta entgegen und schrie ihn verzweifelt an: »Herr, wenn du hier gewesen wärst, hätte mein Bruder nicht sterben müssen.« Sie schreit ihm ihren ganzen Schmerz entgegen: Das unerhörte Beten, die unfassbare Tatsache, dass sie ihren Bruder beerdigen mussten. Und auch die »Frechheit«, mit der Jesus ein paar Tage zu spät kommt, obwohl er rechtzeitig hätte da sein können.

Marta hatte recht. Wäre Jesus in Betanien gewesen, wäre Lazarus noch am Leben. Auch wir kennen Martas Klage in all ihren Schattierungen: »Wenn du hier gewesen wärst, dann …

… wäre der Unfall nicht passiert!

… hätte ich meinen Prinzen/meine Prinzessin gefunden!

… wären meine Beziehungen nicht gescheitert!

… wäre mein Leben erfolgreich und lebenswert geworden!«

In dieser Anklage gegen Gott bleiben viele von uns stecken. Doch die innere Klage macht uns, wenn sie kein Ende findet, ungenießbar. Und wer ungenießbar wird, der bleibt mit der Anklage und mit sich selbst allein.

Dann geht es im Gespräch mit Jesus »lehrmäßig korrekt« weiter. Marta sagt zu Jesus, was sie gelernt hat: »Herr, wenn du hier gewesen wärst, hätte mein Bruder nicht sterben müssen. Aber ich weiß, dass Gott dir auch jetzt keine Bitte abschlägt.« Darauf gibt Jesus Marta eine doppeldeutige Antwort: »Dein Bruder wird auferstehen.« Auch hierauf ist Martas Erwiderung dogmatisch richtig – doch ihr fehlt der Glaube, dass Jesus jetzt noch ein Wunder wirken könnte. Marta antwortete: »›Ich weiß‹, erwiderte sie, ›er wird auferstehen, wenn alle Toten lebendig werden, am letzten Tag.‹ Als Jesus das hört, ruft er: ›Ich bin die Auferstehung und das Leben. Wer mich annimmt, wird leben, auch wenn er stirbt, und wer lebt und sich auf mich verlässt, wird niemals sterben. Glaubst du mir das?‹« Marta versteht immer noch nicht und antwortet, als hätte sie den Katechismus auswendig gelernt: »Ja, Herr, ich glaube, dass du der versprochene Retter bist, der Sohn Gottes, der in die Welt kommen soll.« Als Jesus Martas orthodoxe Antwort hört, bricht er das Gespräch ab und schickt sie nach Hause, um ihre Schwester zu holen.

Als Maria zu Jesus kommt, wirft sie sich vor ihm nieder: »Herr, wenn du hier gewesen wärst, hätte mein Bruder nicht sterben müssen«, sagte sie zu ihm. Jesus sah sie weinen; auch die Leute, die mit ihr gekommen waren, weinten. Da wurde er zornig und war sehr erregt. ›Wo habt ihr ihn hingelegt?‹, fragte er. ›Komm und sieh es selbst, Herr!‹, sagten sie. Jesus fing an zu weinen« (Joh 11,32–36).

Maria begegnet Jesus mit dem gleichen Schmerz und der gleichen Anklage wie Marta. Eines aber war anders: Maria weinte und Marta war wahrscheinlich einfach nur wütend. Maria berührte Jesu Herz anders als Marta. Marta bekannte die richtigen Glaubenssätze, während Marias Antwort aus Tränen bestand. Sie blieb weinend vor ihm, so wie sie auch zu seinen Füßen gesessen hatte. Jesu Reaktion auf Marias Tränen bestand darin, dass er den toten Bruder ins Leben zurückrief: »Lazarus, komm heraus!« (Vers 44)

Singles schreiben Geschichte

Die dritte Geschichte der Geschwister erzählt uns wiederum Johannes. »Sechs Tage vor dem Passafest kam Jesus nach Betanien, wo Lazarus war, den Jesus auferweckt hatte von den Toten. Dort machten sie ihm ein Mahl, und Marta diente ihm; Lazarus aber war einer von denen, die mit ihm zu Tisch saßen. Da nahm Maria ein Pfund Salböl von unverfälschter, kostbarer Narde und salbte die Füße Jesu und trocknete mit ihrem Haar seine Füße; das Haus aber wurde erfüllt vom Duft des Öls« (Joh 12,1–3). Lazarus sitzt als Ehrengast am Tisch, doch Worte scheint er nicht zu finden. Marta bedient, sorgt sich um das Essen. Sie hat ihre Aufgabe, ihren Dienst für Jesus gefunden.

Johannes erinnert den Leser daran, dass es noch wenige Tage sind bis zum Passahfest und dem Tod Jesu. Der Schriftsteller Stefan Zweig schreibt in seinem Buch »Sternstunden der Menschheit«: »Ein einziges Ja, ein einziges Nein, ein Zufrüh oder ein Zuspät … bestimmt das Leben eines Einzelnen, eines Volkes oder sogar den Schicksalslauf der ganzen Menschheit.« Zweig nennt diese Augenblicke Sternstunden – solitäre Zeitfenster, die nur für eine kurze Zeit geöffnet sind. Die charismatische Persönlichkeit erkennt diesen Moment der Ewigkeit, setzt alles auf eine Karte und wirft die eigene Existenz in die Waagschale der Geschichte. Sie begreift die Situation als Höhepunkt der eigenen Lebensberufung. Marias Dienst ist deshalb so einzigartig, weil er nicht »für«, sondern »an« Jesus geschieht. Es ging ihr darum, ihm Gutes zu tun und nicht für ihn Gutes zu tun.

In diesen drei Berichten über die drei Geschwister zeichnet sich eine Entwicklung ab: Maria wird erst zur Hörerin, dann zur Fürbitterin und letztlich zur Prophetin. Weil sie ganz nah bei Jesus war, erkennt sie den rechten Zeitpunkt und salbt Jesu Füße in einer prophetischen Zeichenhandlung für sein Begräbnis. Marias Kühnheit und Großzügigkeit sowie die geistliche Erkenntnis der Situation waren für Jesus eine starke Ermutigung, seinen Weg zum Kreuz weiter zu gehen. Maria von Betanien wurde eine Freundin und Jüngerin Jesu, deren Name im Himmel und auf der Erde bekannt ist.

In diesem Buch gibt es viele Geschichten von Frauen und Männern, die Jesus in ihr Lebenshaus eingeladen haben. Ihre Geschichten machen Mut, aus so mancher Singlehöhle herauszukommen, die Binden der Enttäuschung abzuwerfen und sich ins Leben zurückrufen zu lassen. Sie berichten davon, wie sie die Freundschaft Jesu genießen, mit Lebensklagen umgehen, und den Spagat zwischen dem Dienst für Jesus und dem Dienst an Jesus aushalten. Sie erzählen davon, dass Singles damals und heute die Welt verändern.

Klaus Schönberg, Jahrgang 1957, arbeitet als Gemeindeberater und Bibelschullehrer. Seit kurzem wohnt er auf einem wunderschönen Bauernhof, versucht sich an Skulpturen und als Hobbyschäfer. Nur manchmal (mitten in der Nacht) fragt er sich, warum er vom pulsierenden Frankfurt in die nordhessische Ödnis gezogen ist.

Wann krieg ich einen neuen Papa?

Nach dem Tod ihres Mannes fand Thea Eichholz sich
plötzlich in dem unbekannten Land der Singles wieder.
Und entdeckte, dass dieser Lebensentwurf nicht
nur herausfordernd, sondern auch schön sein kann.

Von Thea Eichholz

»Heute koch ich mir was ganz Besonderes – etwas, das nur
ICH mag und ich werde es TOTAL genießen!« Das waren
meine ersten Gedankenschritte hinein in einen völlig neuen
Lebensabschnitt, hinein in die Entdeckungsreise einer von
nun an alleinerziehenden Mutter.

Ein Jahr lang hatte ich meinen Mann, der an Krebs er-
krankt war, gepflegt, mit ihm gehofft, mit ihm geweint, mein
ganzes Leben und auch das unserer beiden Kinder völlig auf
ihn und seine Heilung ausgerichtet. Ein Jahr lang hatte ich
mich selbst völlig aus dem Blick genommen und den Fokus
auf meinen Mann ausgerichtet – bis zu seinem letzten
Atemzug. Ich tat, was ihm gut tat. Ich traf Entscheidungen,
die für ihn gut waren. Ich aß, was er aß. Als er starb, spürte
ich nur eine riesige Erschöpfung. Es war, als sei ich mit
dem Fahrrad im zehnten Gang den Berg hinaufgestrampelt,
und nun schaltete plötzlich jemand in den Leerlauf. Vorbei
alles Mühen, alles Vorwärtskämpfen. Das einstige Ziel nicht
erreicht, ein anderes nicht in Sicht.

Bernd-Martin kannte ich seit meinem zwölften Lebens-
jahr. Durch gemeinsame Urlaube unserer Eltern und durch

meine enge Freundschaft zu seiner Schwester begegneten wir uns immer wieder. Als ich 16 war, wurde er mein fester Freund. Wir studierten zusammen Musik, wir heirateten, wir arbeiteten als Team gemeinsam mit anderen Musikern zusammen und gründeten gleichzeitig unsere eigene Band. Ich war seine Sängerin – er mein Pianist. Wir kauften ein Haus im Bergischen in der Nähe guter Freunde und unsere zwei wundervollen Kinder, Moritz und Felix, wurden geboren. Wir waren dankbar und glücklich. Bis auf den üblichen Stress, den junge Familien nun einmal haben, ging es uns gut. Dann kam der große Schnitt: Mit dem Krebs kam der Abschied, dann das Ende. Und irgendwann die Frage nach dem neuen Ziel.

Neu gemischte Karten

Ich erinnere mich noch sehr genau an einen Satz, den ein guter Freund mir nach der Beerdigung meines Mannes sagte: »Thea, ich weiß nicht, ob es richtig ist, dir das zu sagen, aber ich glaube nicht, dass du allein bleiben wirst.« Egal, ob dieser Satz sinnvoll, realistisch oder schönmalerisch war – er bewirkte, dass ich realisierte: »Thea, dein Singledasein hat begonnen. Du bist allein! Alles, was du dir für dein späteres Leben ausgemalt hast, das gemeinsame Altwerden, gemeinsam die Kinder groß werden sehen, die gemeinsamen Musikprojekte – all das musst du ebenfalls beerdigen!« Mir wurde klar: Ich muss die Gegenwart so nehmen wie sie ist. Lange Zeit konnte ich mir gar nicht vorstellen, jemals wieder einen Menschen so lieben zu können und ich bezweifelte, dass überhaupt irgendjemand zu mir, den Kindern und meinem Beruf passen könnte. Mit Bernd-Martin verbanden mich 20 Jahre gemeinsamen Lebens. Ich fand es total unrealistisch auf einen zweiten Märchenprinzen zu warten. Und so übte ich mich in dem Gedanken, allein zu bleiben.

Es dauerte eine ganze Weile, bis ich neben der Trauer ein anderes Gefühl zulassen, entwickeln konnte: Neugier. Die Karten wurden neu gemischt, nichts war wie vorher. Was bot mir das Leben an? Und ich beschloss: Ich will mich aufmachen, auf die Suche gehen.

Ich gebe zu: Oft war es ein heftiger Kampf. Es gab immer wieder Tage, an denen ich sehr bezweifelte, dass Gott sich für meine Gefühlslage interessierte und tatsächlich auf mein Leben Einfluss nehmen würde. Doch wenn ich heute meine Tagebuchaufzeichnungen von damals ansehe, erkenne ich – manchmal von mir selbst überrascht – ein tiefes Vertrauen zu ihm und den Entschluss, ihm trotz aller Traurigkeit zu glauben, dass er gute Gedanken für mein Leben hat. Egal, in welcher Lebensform. »Ich will glücklich sein!«, war zunächst nur ein Entschluss. Das Gefühl kam oftmals hinterher.

»Gott, hilf mir die Dinge zu ändern, die ich ändern kann; die Dinge zu akzeptieren, die ich nicht in der Hand habe und schenk mir die Weisheit, das Eine vom Anderen zu unterscheiden!« Dieser weise, altbekannte Leitspruch, den ich von meiner Mutter übernommen habe, begleitet mich bis heute. Ich fragte mich: Was macht mein Leben aus? Woraus setzt es sich zusammen? Wie gestalte ich meine Zeit?

Freunde sind wie Co-Piloten

Es war (und ist) ein großer Trost für mich, mit meinen Kindern zwei lebende »Andenken« an meinen verstorbenen Mann zu haben. Kinder, die mich forderten, mir oftmals in ihrem kindlichen Egoismus keine Zeit für Selbstmitleid ließen. Sie ließen mich nach vorne schauen und gaben meiner Zeit eine selbstverständliche Struktur. Und das war gut so. Denn ich entdeckte nach einer Weile: Als Single hatte ich auf einmal mehr Zeit! Viele freie Stunden, die man sonst dem Ehepartner gewidmet hatte, waren auf einmal neu zu gestalten, lagen vor mir wie ein großes Fragezeichen. Was fange ich nun damit an?

Mein Mann hatte mir vor seinem Tod ein Projekt mit auf den Weg gegeben: die gemeinsam in der Planung begonnene CD zu Ende zu führen. Also sprang ich ins kalte Wasser und setzte die Arbeit fort. Allein, zwar mit Hilfe meiner Freunde, aber ohne meinen musikalischen Berater an meiner Seite, der er immer gewesen war. Ich musste, durfte und konnte allein Musik machen. Die Musik war anders als vorher, aber es wurde ihr ein Platz in meinem neuen Leben zugewiesen – ein Gottesgeschenk.

Auch das Thema »Freundschaften« stand plötzlich im Raum. Sie waren immer ein wichtiger Teil unseres Lebens gewesen. Unsere Band Layna hatte einst ein Lied im Programm, in dem es heißt: »Freunde sind wie Copiloten ... Sie gehen mit auf jede Reise« aufgenommen. Als Single hatte ich nun meine Reiseroute etwas geändert. Zwangsläufig. Weshalb sich die Frage stellte: Wer bleibt noch »an Bord« einer allein erziehenden Mutter? Und: Mit wem fühle ich mich dann noch wohl?

Ich war sehr dankbar für frühere Erfahrungen, die wir als Ehepaar in sehr guten Single-Freundschaften gemacht hatten. Manchmal gab es Urlaube zu dritt. Auch wenn Freundinnen mit ihren Kindern aufgrund ihrer gestressten, berufstätigen Männer zu geplanten Ausflügen »nur allein« oder mit den Kindern kamen, hatten wir einfach Freude und Spaß an dem Zusammensein. Diesem Grundgefühl habe ich es wohl zu verdanken, dass ich Angebote aus dem Freundeskreis überhaupt annehmen konnte, ohne mich als »Aufgedrängte« zu fühlen. Die zwei Weihnachtsfeste mit einer befreundeten Familie aus meiner Gemeinde zählen zu wunderschönen Erlebnissen, sowohl für meine Kinder als auch für mich. Ein eng befreundetes Ehepaar begleitete uns auf unserer Reise zu meiner Freundin in die USA. Und auch dort wurde ich quasi in das Familienleben miteingeflochten und hatte spannende, glückliche Ferien.

Herausfordernde Freiheit

Zeit – womit wollte ich sie füllen? Ich wollte sie ja nicht einfach »totschlagen«, sondern lebendig gestalten. Wie zu Beginn erwähnt, entwickelte ich ganz langsam das Bedürfnis, mir selbst etwas Gutes zu tun, indem ich das Gute in meiner Situation suchte und akzeptieren lernte. Wenn man ein Jahr lang nur Schonkost, strengstes Bio- oder eintöniges Kinderessen zu sich nimmt, freut man sich zum Beispiel »wie blöd« über fettige Pommes mit Ketchup und über Leckereien wie »Schafskäse-Auberginen-Lachs-Auflauf«. Und weil die Kinder zeitgleich mit meiner »Singlewerdung« in den Kindergarten aufgenommen worden waren, hatte ich an manchen Tagen die Möglichkeit, meinen wildesten Kochfantasien freien Lauf zu lassen. Es war wunderbar!

Geburtstage sind ein schwieriges Thema, wenn man plötzlich allein ist. Doch ich entdeckte, dass es auch sehr schön sein kann, wenn man sich einen Babysitter wünscht und dann mit seinen besten Freundinnen einen ganzen Tag im Sauna-Thermalbad entspannt, bis man Schwimmhäute zwischen den Fingern hat. Ich musste niemanden fragen, sondern konnte einfach entscheiden und planen. So viel Freiheit hatte ich lange nicht mehr gehabt – zumindest habe ich sie mir aus Rücksicht auf meinen Mann nicht genommen.

Mein Entfaltungsspielraum wurde größer. Es ließe sich noch so manches Beispiel aufführen – angefangen beim selbstbestimmten (kein Fußball!) bzw. ausgeschalteten Fernsehprogramm bis hin zu eigenständig gefällten Entscheidungen was Haus, Garten, Finanzen, Musikgeschmack oder Urlaubsziele betraf. Wobei es nicht um ein »Besser-oder-schlechter-als« ging, sondern einfach um die positive Wahrnehmung meiner neuen Lebensumstände.

Natürlich gab es neben diesen neuen wertgeschätzten Freiräumen Momente der ungestillten Sehnsucht und Trauer über die große Lücke, die von nun an in meinem Leben klaffen würde: Kein Mann, der mich ohne viele Worte in den Arm nahm. Keiner, der mich mein Frausein spüren ließ oder mit einem kleinen, liebevollen Blick die Angst vorm Älterwerden vernichtete. Kein Mann, der mir in seiner männlichen Sachlichkeit einen Gegenpol zu meiner weiblichen Emotionalität anbot. Kein enger Austausch über die Kinder mit dem vertrauten Partner. Kein Mann, der mich vor Angriffen anderer schützte. Vielleicht nie wieder. Das alles konnte ich nicht wegwischen. Es war die schmerzliche Realität.

Keinen Mann um jeden Preis

Irgendwann spürte ich, wie in mir der Wunsch nach einer neuen Beziehung wuchs. Doch nicht um jeden Preis. Nicht, um »die Lücke« zu füllen. Auch nicht, um versorgt zu werden oder einen Vater für meine Kinder zu bekommen. Doch etwa drei Jahre nach Bernd-Martins Tod stand mein jüngster Sohn Felix, damals fünf Jahre alt, eines Morgens neben mir im Bad und schaute zu, wie ich mich schminkte: »Das machst du echt schön, Mama!«, meinte er, haute mir mit Schwung auf meinen Po und rief: »Wann krieg ich eigentlich endlich wieder einen neuen Papa?« Mir kamen die Tränen – und das nicht nur, weil ich mir durch den Klaps die Wimperntusche ins Auge gerammt hatte …

Ich hatte schon gesucht, aber nicht gefunden, was meinem Herzen gut getan hätte. Ich war bereit allein zu bleiben. Alle meine Wünsche und Sehnsüchte legte ich vor Gott hin. Aber ich würde nicht versuchen, mir mein Lebensglück durch eine halbherzige Beziehung selbst zu basteln. Doch gerade, als ich diesen Punkt erreicht hatte, spazierte ich, ohne es zu ahnen, zu planen oder zu suchen in eine neue Beziehung (eine kitschig-schöne Geschichte, die ein anderes Buch füllt). Und so heiratete ich also wieder. Mein jetziger Mann war ebenfalls verwitwet und schenkte mir zwei Kinder aus seiner ersten Ehe dazu. Heute leben wir in einer sechsköpfigen Patchwork-Familie. Und wieder bin ich auf Entdeckungsreise in einem neuen Lebensbereich.

Das Tuch meines Lebens

Wenn ich das Webtuch meines Lebens anschaue, sind viele verschiedene Farben, viele Materialien darin enthalten. Nicht alle Fäden waren leicht zu verarbeiten. Manche sehen auch nicht besonders schön aus, sind aber vielleicht besonders stabil. Ich will mein Muster annehmen. Ich will nicht mein Leben damit verbringen mir vorzustellen, wie anders mein Tuch mit diesem und jenem Faden hätte aussehen können. Dankbar will ich erkennen, wie einer über mir Wache hält. Und dankbar will ich die verschiedensten Fäden ergreifen, die er mir anbietet, um mein Lebenstuch zu weben: fein und stark, blass und bunt – und immer wieder überraschend anders. Mein Tuch ist einzigartig.

Thea Eichholz, Jahrgang 1966, ist seit Januar 2007 in zweiter Ehe mit Steffen Doll verheiratet. Sie hat vier Kinder (zwei selbst herausgepresst, zwei dazu geschenkt) und lebt und arbeitet als Musikerin und Texterin in Mannheim. Sie ist als Sängerin sowohl solo als auch mit dem Musikkabarett »Die Mütter« unterwegs.

Raus aus dem Mief!

In vielen Kirchengemeinden sind Singles eine unsichtbare Randgruppe. Das muss anders werden, findet Sabine Bockel, und plädiert für eine frische Perspektive.

Von Sabine Bockel

Ich liebe es, auf mehreren Hochzeiten gleichzeitig zu tanzen! Sorry – ja, ich weiß: »Hochzeit« kann unter Singles ein brisantes Thema sein. Also sage ich lieber: Ich gehe jetzt zwei Dinge gleichzeitig an, schlüpfe in eine Doppelrolle. Ich soll darüber schreiben, wie Gemeinden und ihre Leiter gut mit Singles umgehen können. Tolles Thema! Denn: Ich bin Single – und Pastorin.

Wie also gehe ich mit Leuten wie mir um? So habe ich mir diese Frage noch nie gestellt. Am besten, ich lasse sowohl mein Single-Herz als auch mein Pastorinnen-Herz sprechen. Hoffentlich geht das gut! Denn schon jetzt merke ich: Da kämpft etwas in mir …

Ich weigere mich

Wenn ich aufmerksam in mein Single-Herz hineinhorche, dann merke ich vor allem eins: Ich weigere mich! Und mein Pastorinnen-Herz? Das sagt dasselbe.

Ich weigere mich, mich zuallererst in die Rubrik »Single« einzuordnen. Doch damit nicht genug – ich weigere mich auch, das bei anderen zu tun. Ich bin ein Mensch, der die Weite liebt: die weite, offene Landschaft, den weiten Blick von einem Berggipfel, das weite Herz und die weite Perspektive. Rubriken werden dem Leben niemals gerecht. Erst recht nicht dem Leben – und seinen Möglichkeiten! –, das Gott selbst uns eröffnet. Darum möchte ich im Chor mit jedem, der zu Jesus Christus gehört, sagen: »Erst einmal bin ich jemand, den Gott sich ausgedacht hat. Klar, noch nicht in Perfektion. Noch nicht in der ›Vollversion‹ – die wird es erst im Himmel geben, wenn alle Macken beseitigt sind. Aber schon jetzt bin ich ein einzigartiger Mensch mit einer einzigartigen Biografie. Mit einer einzigartigen Kombination von Erfahrungen, Fähigkeiten, Stärken und Schwächen. In meinem Kopf und meinem Herzen gibt es einen einzigartigen Pool von Erinnerungen, Erfahrungen, Träumen und Zielen, aus dem ich schöpfen kann. Ich habe der Welt etwas zu geben, was ihr sonst niemand geben kann. Ich kann sie in einer Weise zum Guten herausfordern, wie es sonst niemand auf diese Art kann. Ich habe einen Auftrag, den nur ich erfüllen kann. Es gibt einen speziellen Lebensentwurf, den nur ich leben kann. Und mit alledem will ich in Angriff nehmen, wozu Gottes Geist mich auffordert – egal, ob ich als verheirateter Mensch oder als ›Solist‹ durchs Leben gehe.«

Als Single und Pastorin ist das die Reihenfolge, die mich prägt: Ich bin geschaffen von Gott, durch Christus erlöst zu ewiger Gemeinschaft mit ihm, vom Heiligen Geist berufen in ein Leben, das auf der Erde gute Spuren hinterlassen soll. Diese Identität ist viel grundlegender als alles, was mit meinem Familienstand zusammenhängt.

Ich plädiere

Doch auch das bin ich: Tochter, Freundin, berufstätige Frau, Pastorin … und Single. Und so plädiert mein Single-Herz (und mein Pastorinnen-Herz stimmt zu): »Ihr lieben Verheirateten in den Gemeinden: Betrachtet uns als ganz normale Menschen! Lasst euren Umgang mit uns nicht davon beeinflussen, ob wir einen Ehering tragen. Zur Normalität gehört, dass jeder seine eigene Biografie mitbringt. Und seine eigenen Gründe, wenn er in der Lebensform ›Single‹ gelandet ist oder sie bewusst gewählt hat. Denn wenn unsere Gemeinden heilsame Räume sein sollen, von Wahrheit und Liebe durchflutet, müssen wir von Fehlprägungen und Fehlinformationen Abschied nehmen – auch von Fehlüberzeugungen über das Singleleben.«

Darum nun ein paar Thesen aus meiner persönlichen »Single-Forschung«. Vielleicht tragen sie dazu bei, dass unser Blick füreinander klarer, weiter und unbestechlicher wird.

Es gibt kein Single-Gen

Wie schon gesagt, Singles sind nicht per se eine besondere Gattung Mensch. Nicht etwa mit einem besonderen »Gen« behaftet, das sie mit durch ihr Leben schleppen, sondern genauso angelegt wie andere Menschen auch. Das heißt, auch ihre grundlegenden Bedürfnisse gleichen denen anderer Menschen. Da steht nämlich nicht der Single-Kreis an erster Stelle oder ein spezielles Single-Programm. Sondern der Wunsch nach Wertschätzung und Akzeptanz, nach tragfähigen Beziehungen und einer gesunden inneren Balance für das eigene Leben. Zumindest hat das eine Blitzumfrage unter Singles in meiner Gemeinde ergeben. Es braucht also kein langes Rätselraten, um herauszufinden, was einem Single gut tut. Nur ein bisschen Sensibilität, um zu entdecken, dass es trotz unterschiedlicher Lebensformen die gleichen menschlichen Sehnsüchte sind, die in uns allen stecken.

Es gibt kein Single-Virus

Singlesein ist keine Krankheit und kein Problem. Ein Single ist nicht von einem Virus befallen, das unausweichlich Frustration, Traurigkeit oder Minderwertigkeitsgefühle hervorruft. Natürlich weiß ich, dass in dieser Lebensform spezielle Probleme gehäuft auftreten. Aber sobald ein Nicht-Single meint, Unverheiratete seien generell mit einer betrübten Seelenlage ausgestattet, würde ich ihn bitten, noch einmal genauer hinzusehen.

Keine Lebensform zweiter Klasse

Ab und zu habe ich verwundert zur Kenntnis genommen, dass Ledige in den Gemeinden eine unterschwellige, manchmal auch mit Nachdruck vorgetragene Botschaft zu hören scheinen: »Es ist besser, verheiratet zu sein.« Lange Zeit habe ich behauptet, so etwa sei mir nie begegnet, bis … ja, bis ich, das Großstadtkind, in einer ländlicheren Gegend gelandet war. Nichts gegen ländliche Gegenden, aber manchmal halten sich eingefleischte Überzeugungen dort einfach etwas länger. So verschlug es mir fast den Atem, als ich hören musste, dass mein Singlesein zu einer gewünschten Aufgabe nicht zu passen schien!

Von klein auf war ich ein anderes Denken gewohnt. Heute bin ich zwar Pastorin in einer evangelischen freien Gemeinde, doch aufgewachsen bin ich in einer katholischen Familie. Nein, keine Angst, ich plädiere jetzt nicht fürs Zölibat! Aber für die Unverkrampftheit, die mir an diesem Punkt in meiner Kindheit und Jugend begegnet ist: In der Kirche gibt es Menschen, die verheiratet sind, und Menschen, die nicht verheiratet sind, und beides ist in Ordnung. Diese Prägung trägt vermutlich ihren Teil dazu bei, dass ich heute relativ entspannt mit meinem Singlesein umgehen kann. Und sie scheint mir näher am Apostel Paulus dran zu sein als eine einseitige Konzentration auf Ehe und Familie. Denn hat nicht der große Apostel ehelos gelebt? Hat er nicht bei den Christen in Korinth für die Ehelosigkeit geworben? Und hat er nicht gleichzeitig faszinierend schöne und ewig gültige Worte über die Ehe gefunden, nachzulesen im Brief an die Epheser? Diese weite, biblische Perspektive fasziniert mich. Die will mein Pastorinnen-Herz unbedingt weitergeben – und mein Single-Herz stimmt begeistert zu.

Vorsicht mit der Stillen Post

Es gibt eine geheime Kommunikation in unseren Gemeinden, eine Art »stille Post«, bei der Botschaften mehr oder weniger verzerrt ankommen. Wir alle tragen dazu bei. Denn was wir denken und fühlen, was wir als innere Überzeugung mit uns herumtragen, wird seinen Weg zum Gegenüber finden. Auch zum Single neben mir! Es wird abzulesen sein an meinen Reaktionen, an meinem spontanen Blick, an der Art, wie ich rede und mich verhalte. Darum ist es meinem Pastorinnen-Herz so wichtig, dass wir falsche Vorstellungen über das Singlesein entlarven. Denn nur dann werden wir einander keine unterschwelligen Negativ-Botschaften senden. Andernfalls kommen sie uns leider aus den Poren, und ihr Geruch wird die frische Luft des Heiligen Geistes überlagern.

Raus aus dem Mief!

Vielleicht gibt es bei manchem – Single oder nicht – ein Denken, das einer alten, quietschenden Schublade gleicht: Vollgestopft mit Vorstellungen, die schon lange nicht mehr ausgemistet und auf ihre Brauchbarkeit hin überprüft wurden. Sobald man die Schublade öffnet, schlägt einem der Mief von Mottenkugeln entgegen. Auch hier gilt: Es tut der ganzen Gemeinde gut, wenn wir unter der Leitung des Heiligen Geistes aussortieren, womit wir uns oder andere festgelegt haben.

Es ist ja kein Zufall, dass sich in der Bibel für den Heiligen Geist immer wieder das Bild des Windes findet. Ein belebender, erfrischender, manchmal auch sturmartig brausender Wind, der alles Abgestorbene wegreißt. Diesen Wind wünscht sich mein Pastorinnen-Herz für das Miteinander von Singles und Nicht-Singles in der Gemeinde.

Ich möchte lernen

Wehen kann er dort, wo wir bereit sind, den jeweiligen Erfahrungshorizont des anderen anzuerkennen und zu schätzen und voneinander zu lernen. Klar, dass der Alltag einer Familie von anderen Erfahrungen gespickt ist als der eines

Singles. Ich habe mehrmals erlebt, wie Singlefrauen bereit-
willig und interessiert Anteil an den Familien genommen
haben, umgekehrt aber eine gewisse Sprachlosigkeit da war.
Nicht weiter schlimm, aber vielleicht ein Anlass für Familien, einmal kurz innezuhalten und eigene »Single-Erfor-
schungen« anzustellen. Vielleicht an einem Abend, an dem
die Kinder schon im Bett liegen, einen Single einladen und
ausfragen. Und sich dann auch gleich erzählen lassen, welche
Fragen man lieber nicht stellen sollte! Oder das Ganze mal
im Hauskreis versuchen. Und sich auf ein angeregtes Gespräch gefasst machen! Dann sind wir auch schon dabei, an
tragfähigen Beziehungen zu arbeiten.

Wind, Weite und Beziehungen – vor kurzem habe ich
wieder den Glücksmoment gespürt, der darin stecken kann:
Ich stehe an Deck einer Fähre, die mich von einer der Ost-
friesischen Inseln hinüber zum Festland bringt. Es weht ein
heftiger Wind, so heftig, dass er die Kraft hätte, mich quer
über das Deck zu schieben. Ich will die letzten Minuten vor
dem Ablegen auskosten, halte mich vorsichtshalber an der
Reling fest, ziehe die Kapuze meiner Jacke zu und lasse den
Wind an mir zerren. Da sehe ich einen anderen Single, eine
Wolke in Schwarz mit einem lachenden Gesicht. Es ist eine
Nonne, die augenscheinlich auch Gefallen daran findet, sich
der Kraft des Windes auszusetzen.

Der Kapitän fordert per Lautsprecher dazu auf, sich we-
gen der unruhigen See drinnen einen Sitzplatz zu suchen
und auf das Geschirr auf den Tischen aufzupassen. Also
steige ich hinunter, gucke, wo ich denn noch einen freien
Platz finde. Auf einmal winkt mir jemand zu: »Hallo Sabine!
Kennst du mich?« Es ist eine Frau, die ab und zu in unsere
Gemeinde kommt und eine größere Schar von Kindern hat.
Mein erster Gedanke geht an Gott: »So prompt reagierst

du wieder! Nachdem ich dir erst gestern Abend gesagt habe, dass mir zu meinem Glück nach ein paar Tagen Solo-Urlaub jetzt nur noch ein bisschen Gemeinschaft fehlt, ein Gesprächspartner, mit dem ich meine Eindrücke teilen kann ...« Hier sitzen wir nun, schwärmen über die Schönheit von Insel und Meer, während uns die Fähre sicher ans Festland bringt.

Wenn der Wind des Geistes so durch unsere Gemeinden weht wie der Sturm über die Nordsee, wenn wir dabei einander zuwinken, um unsere Erfahrungen zu teilen – dann ist mein Pastorinnen-Herz glücklich. Und mein Single-Herz lacht.

Sabine Bockel, Jahrgang 1958, ist Pastorin in der Anskar-Kirche Wetzlar und gern unterwegs – sei es, um mit anderen Leuten zu lernen oder sich vom Wind durchpusten zu lassen. Weil Single- und Pastorinnen-Herz im Einklang waren, hat sie das Schreiben dieses Artikels ohne Identitätsverwirrung überlebt.

Die 8 schrägsten Single-Gerüchte

Sind Singles grundsätzlich komisch, einsam und frustriert?
Haben sie wirklich Unmengen an Zeit? Und beneiden sie Paare vor
allem um deren Sex? – (Fast) alles falsch, sagt Christiane Henrich,
und räumt gründlich in der Single-Gerüchteküche auf.

Von Christiane Henrich

Neulich predigte mein Pastor über Psalm 23. Es ging darum,
dass wir nie genug kriegen können, obwohl uns Gott doch
immer genug geben will. Bei einem Satz der Predigt blieb
ich hängen. Der Pastor fragte: »Wie würdest du diesen Satz
beenden: ›Um wirklich glücklich zu sein, bräuchte ich …‹?«
Und – zack! – schneller als jemand »Speed-Dating« oder
»Single-Chat« sagen kann, schoss mir durch den Kopf:
»Einen Mann und Kinder!«

Ehrlich gesagt war ich in diesem Moment ein bisschen
entsetzt. Über mich. Schließlich bin ich eine halbwegs ge-
reifte Frau von frisch gefeierten vierzig Jahren, und mein
Leben definiert sich nicht ausschließlich über meinen Familienstand: Ich habe einen richtig coolen Job, gehöre zu einer
netten Gemeinde, liebe Kino und Singen. Ich habe Humor,
Freunde, 'ne Mietwohnung und – thanks to the Abwrack-
prämie – ein nigelnagelneues Auto. Das alles – und hoffentlich noch viel mehr – gehört zu mir, definiert mich, macht
mich und mein Leben aus. Übrigens bin ich auch erbitterte
Gegnerin der These, dass ein Mensch nur als Teil eines Dop-
pelpacks vollständig sein kann. Soweit zur Theorie …

Tatsache ist: Mein Lebensentwurf sah anders aus. Mit fünfzehn wollte ich auf gar keinen Fall vor fünfundzwanzig heiraten – aber dann schon! Und ich wollte entweder zwei oder vier Kinder (Bei dreien verbünden sich immer zwei gegen einen – und ein verzogenes Einzelkind geht gar nicht!). Leider ließ sich dieser Plan nicht in die Tat umsetzen. Was mich daran echt nervte (mal abgesehen vom Offensichtlichen) war, dass ich im Umfeld meiner Gemeinde immer wieder das Gefühl hatte, nicht für voll genommen zu werden, weil ich keinen Freund, Verlobten oder – noch besser! – Ehemann vorweisen konnte. Ich hatte den ziemlich direkten lebenden Vergleich in Gestalt meiner um ein Jahr jüngeren Schwester vor Augen, die sich mit vierzehn ihren heutigen Mann geangelt hatte und deren Meinung offenbar mehr zählte als meine.

Ich habe im Lauf der Jahre festgestellt, dass es in unseren Gemeinden tatsächlich einige leicht schräge Vorstellungen in Bezug auf Singles gibt, die nicht auf den ersten Blick sichtbar sind. Sie dümpeln im Unterbewusstsein dahin – und verletzen, wenn sie von dort unvermittelt an der Oberfläche auftauchen. Vor allem uns Partnerlose, die wir bei diesem sehr privaten und oft schmerzhaften Thema schnell empfindlich reagieren. Darum wünsche ich mir, dass Singles und Nicht-Singles miteinander reden lernen und gemeinsam solche Missverständnisse aus der Welt schaffen. Und dass Singles lernen, selbstbewusst ihren Platz im Reich Gottes und in ihren Gemeinden zu finden. Es wäre schon viel gewonnen, wenn Singles zugeben würden, wenn ihnen eine Bemerkung oder ein Verhalten gegen den Strich geht oder gar wehtut. Ja, das macht verletzlich – aber nur so kann vermieden werden, dass folgende schräge Gerüchte sich für alle Zeiten halten.

1. Singles fehlt was

In vielen christlichen Gemeinden könnte man schnell den Eindruck kriegen: Ein Mensch ist nur dann vollständig, wenn er – nach Gottes Schöpfungsordnung! – verheiratet ist und Kinder in die Welt setzt. In Predigten hört man schon mal Sätze wie: »Weil Singles ja leider noch keinen Partner gefunden haben …«, oder auch: »(Nur) In der Ehe erfüllt sich die Bestimmung des Menschen, der ja auf ein Gegenüber hin geschaffen wurde!« Diese Weltsicht ist natürlich nicht völlig unberechtigt – Ehe und Familie sind zweifellos eine geniale Erfindung Gottes, und die meisten christlichen Singles, die ich kenne, hätten sehr gern das eine wie das andere.

Meine heutige Gemeinde ist, wie auch meine Heimatgemeinde, extrem familienorientiert – was ich super finde. Wer als Familie (oder als Paar) zuzieht, wird von allen Seiten herzlich in Empfang genommen, zum Kaffeetrinken oder Grillen eingeladen und gepampert – das ist schön! Als Single fühlt man sich oft nicht wirklich dazugehörig. Sobald man aber Erfolg in Gestalt eines Freundes/einer Freundin vermelden kann, wird man überschwänglich dazu beglückwünscht und steigt in die Liga der Eingeladenen auf – willkommen im Club!

Das mag zwar aus soziologischer Sicht durchaus nachvollziehbar sein – aber biblisch begründbar ist es nicht. Denn, hey, schon Jesus war Single! Und auch sein großer Fürsprecher Paulus ist allein durchs Leben und durch die Welt gewandelt – und hat wesentlich dazu beigetragen, das Reich Gottes auf dieser Erde zu verbreiten. Die Schöpfungsgeschichte mit Mann, Frau und Vermehrungsbefehl kann also nicht im Umkehrschluss bedeuten, dass ich bei

Gott fehl am Platz bin, wenn ich außerhalb des Familien-Rasters lebe. Darum finde ich es für mein Selbstwertgefühl wichtig, mir bewusst zu machen, dass ich für Gott genauso wertvoll und vollständig bin wie Leute im Doppelpack.

2. Singles haben Zeit

»Singles haben mehr Zeit als Paare oder Familien, denn sie müssen sich ja nur um sich selbst kümmern. Außerdem sind sie viel flexibler. Fazit: Singles sind die perfekten Gemeinde-mitarbeiter!« Ehrlich gesagt, krieg ich immer ein bisschen den Fön, wenn ich das höre – manchmal deutlich ausgesprochen, manchmal eher unterschwellig vernehmbar. Zugegeben: Wir müssen nicht jeden Termin mit dem Göttergatten abspre-chen und wir haben auch keinen Ballett-, Reit-, Flöten- oder sonstigen Unterricht, zu dem wir jemanden hinfahren müssten. Wir *sind* flexibler!

Aber auch wir haben ein Leben – und das ist bei den allermeisten durch einen stressigen Ganztagsjob schon ziem-lich ausgefüllt. Wir brauchen Zeit, um soziale Kontakte zu pflegen, die bei Paaren und Familien zumindest teilweise schon zwangsläufig vor Ort stattfinden. Und wir müssen uns um viele Dinge allein kümmern, die sich Paare und Fami-lien teilen können. Der Aufwand beim Kochen, Wäsche-waschen, Einkaufen, Badputzen, Unkrautjäten, Schneeschip-pen, Autowaschen und Die-günstigste-Flatrate-Organisieren vergrößert sich meines Erachtens entweder gar nicht oder zumindest nicht proportional zur Anzahl der beteiligten Personen. Soll heißen: Wenn ich für mich, meinen nicht vorhandenen Mann und meine nicht vorhandenen vier Kinder Spaghetti mit Soße koche, ist der Aufwand nur sehr unwesentlich höher, als wenn ich die Spaghetti für mich allein koche. Grandios wird's, wenn mein nicht vorhandener Mann in der Zwischenzeit noch den Müll rausbringt, Getränke holt oder beim Auto nach dem Öl guckt (boah, alle Klischees dieser Welt!).

Ich finde es deshalb wichtig, mir kein schlechtes Gewissen zu machen (oder machen zu lassen), wenn ich mal nein zu Gemeindeaktivitäten und Mitarbeiteranfragen sage (PS Ähnliches gilt übrigens auch für das Gerücht »Singles haben mehr Geld« – aber das hat nicht ganz so direkt mit dem Gemeindeleben zu tun …).

3. Singles sind arme Würstchen

Ich bin in der glücklichen Lage, von Natur aus ein sonniges Gemüt zu haben. Das Glas ist meistens halbvoll statt halbleer, und ich hab fast immer gute Laune. Aber auch bei mir gibt's Situationen, in denen ich mich wie ein armes Würstchen fühle – ganz einfach, weil ich nie Bock aufs Singlesein hatte und immer mal wieder feststelle: »It sucks!«

Klar, wenn ich das heulende Elend kriege, dann bin ich in den Augen anderer (und vor allem in meinen eigenen!) echt bemitleidenswert. Aber ich bin nicht gern ein Sozialfall, um den man sich großzügig kümmern und den man beschäftigen muss, weil er sonst in Depressionen verfällt. Solche meistens wirklich gut gemeinten »Hilfsangebote« verletzen oft mehr, als dass sie helfen. Das fühlt sich nämlich oft sehr »von oben runter« an (Motto: »Mir geht's ja super, weil ich einen Mann/eine Frau abgekriegt hab! Aber, du Ärmste, wir unternehmen jetzt mal was mit dir, damit du nicht ganz allein rumhockst …«). Ich möchte stattdessen lieber etwas mit Freunden unternehmen, denen ich abspüre, dass sie einfach gerne Zeit mit mir verbringen und mir ihre Aufmerksamkeit nicht nur aus Pflichtgefühl schenken.

Noch verletzender wird's, wenn andere mich spüren lassen, dass sie mich nicht ernst nehmen, weil mir in manchen Bereichen bestimmte Erfahrungen fehlen. Aber erstaunlicherweise heulen sich immer mal wieder Leute über ihre Beziehungs- oder Erziehungsprobleme bei mir aus und holen meinen Rat ein. Vielleicht muss man gar nicht so viel eigene Erfahrung gesammelt haben, um qualifizierte Beiträge liefern zu können? Vielleicht reicht es auch schon, mit offenen Augen und Ohren durch die Welt zu laufen? Mit einem Anteil nehmenden Herzen? Mit dem Willen, sich in die Lage von anderen hineinzuversetzen? Ich denke, wir sollten uns unserer Fähigkeiten und unserer meistens durchaus vorhandenen Lebenserfahrung bewusst sein und selbstbewusst damit umgehen – die hat Gott uns nämlich geschenkt.

Ach ja: Und falls das Selbstmitleid doch mal zuschlägt, versuche ich, mich nicht reinzusteigern – aber es ist dann auch okay, dass ich mal einen Abend lang auf dem Sofa hocke und heule …

4. Singles sind beneidenswert

»Du hast's gut, du kannst machen, was du willst!« Ich schätze, ich bin nicht der einzige Single, der diesen Satz schon mal gehört hat. Stimmt ja auch: Ich kann samstags ausschlafen und habe mein eigenes Zimmer (Neulich sagte mir eine langjährige Singeline, die kürzlich geheiratet hat: »Das Schlimmste am Verheiratetsein ist, dass ich kein eigenes Zimmer mehr hab!«). Ich muss niemandem Rechenschaft ablegen (außer

Gott, natürlich – als gute Christin …). Ich muss nicht ständig Termine mit dem Partner absprechen und nachfragen, ob denn dies oder das oder jenes genehm ist. Ich kann kochen, was ich will, und essen, wann und wo ich will. Ich kann spontan übers Wochenende wegfahren. Und: Ich habe die Macht über die Fernbedienung!

Das alles genieße ich sehr und weiß: Sollte irgendwann doch noch der Traumprinz auf dem weißen Rössl angeritten kommen, wird es mir schwerfallen, diese Freiheiten aufzugeben. Ich kann nachvollziehen, dass mich Paare und vor allem Eltern darum beneiden. Mir ist bewusst, dass Beziehungen meistens nicht rosarot und Kinder nicht bloß niedlich, sondern auch anstrengend sind. Aber ganz ehrlich – ich nehme es ihm meistens nicht ab, wenn jemand seufzt: »Manchmal wär ich am liebsten wieder Single!« Worauf ich schon mal gerne antworte: »Willste tauschen?« Ja, für ein paar Wochen sicher – aber für immer? Die Möglichkeit aufgeben, das Leben mit dem geliebten Menschen zu teilen und zusammen alt zu werden? Momente aufgeben, in denen ein Kind die Arme um deinen Hals legt und sagt: »Ich hab dich so lieb, Mama!«? Vielleicht ist unser Job als Singles manchmal einfach nur, anderen ins Bewusstsein zu rufen, welches Geschenk sie mit einer Partnerschaft und ihren Kids bekommen haben.

5. Singles gibt's bei uns nicht

Die Außenwirkung meiner Gemeinde ist: »Wir sind ein großer, glücklicher Zusammenschluss vieler Familien.« Von Singles merkt man wenig – was schlicht daran liegt, dass wir nicht besonders viele sind. In meinen vierzig Jahren in der frommen Welt habe ich gefühlte siebenhundertachtundneunzig Predigten über Ehe und Familie gehört – und das nicht nur bei Hochzeiten. Die Anzahl der Predigten zum Thema Singles bewegt sich, glaube ich, bei unter zehn. Letzteres finde ich grundsätzlich völlig okay – ich stehe nicht besonders auf explizite Single-Predigten! Aber auch ich gehöre dazu und würde mir wünschen, dass in den ganz normalen Kanzelreden ab und zu mein lediger und kinderloser Familienstand miteinbezogen würde wie der von Paaren und Kinder-Besitzenden. Viele Beispiele in Predigten beziehen sich auf Ehe und/oder Familie – da könnte man ja auch mal ein Single-Beispiel dranhängen. Oder Beispiele suchen, die alle mit einschließen, damit ich mir nicht ausgeschlossen vorkomme. Ich verstehe schon, dass den meisten Predigern die Familienbeispiele näher liegen, denn selbst nach langem Nachdenken ist mir aus meinem persönlichen Umfeld kein einziger predigender Single eingefallen, ob männlich oder weiblich. Hier also mein Aufruf: »Singles dieser Welt, macht eure Pastoren und Gemeindeleute auf nette und konstruktive Art drauf aufmerksam, dass ihr existiert und in der Gemeindewahrnehmung vorkommen möchtet!«

6. Singles wollen Singlekreise

Ja, es gibt in meiner Gemeinde noch andere Singles. Ja, unsere Lebenssituation ist anders als die von Verheirateten und Eltern. Nein, sie werden deshalb nicht automatisch zu meinen Seelenverwandten, Vertrauten oder Lebensbegleitern.

Nur weil jemand keinen Partner hat, liege ich nicht automatisch auf seiner Wellenlänge – oder er auf meiner. Okay, mein Hauptinteressensgebiet liegt zurzeit nicht bei der

Frage, wie ein harmonisches Eheleben gelingt oder welche Windelsorte die beste ist (obwohl ich mir über Letzteres durchaus schon mal Gedanken mache, schließlich hab ich einen süßen kleinen Neffen, dessen Wohlbefinden wesentlich davon abhängt!). Aber ich hab mal läuten hören, dass sich tatsächlich auch manche Nicht-Singles mit anderen Themen beschäftigen …

Einer der Gründe, warum ich nicht auf Singlekreise und -aktivitäten in Gemeinden stehe, ist der, dass mir so was oft sehr gezwungen vorkommt, wie eine bunt (und nicht immer gut bunt) zusammengewürfelte Truppe von Leuten, die außer ihrem Familienstand wenig gemeinsam haben. Klar, man kann auch von der Unterschiedlichkeit der Menschen profitieren und lernen. Aber für mich entsteht da der (natürlich sehr subjektive) Eindruck, dass man sich vor allem erst mal gegenseitig abcheckt, um zu schauen, ob was Brauchbares dabei ist. Oder dass man mehr oder weniger trübetimpelig beieinander hockt, weil eben nichts Brauchbares dabei ist.

Gott näherkommen, ihn besser kennenlernen, mich mit seinem Wort beschäftigen, Erfahrungen mit ihm machen – das möchte ich am liebsten gemeinsam mit Menschen tun, die mit mir auf einer Wellenlänge liegen, mit denen ich lachen und ernst sein und reden und schweigen und beten kann. Außerdem schätze ich, dass so mancher (verheiratete) Mann den Skatabend mit seinen Single-Kumpels sehr genießt und dass so manche Mami sich freut, wenn man sie ab und zu aus der Peripherie der aufgeschürften Knie und Hausaufgaben-Katastrophen entführt. Die beste Freundin der Welt (gerade seit einem Jahr glücklich verheiratet) schrieb mir kürzlich eine SMS: »Die Freundschaft mit dir kann kein Mann dieser Welt ersetzen!« Noch Fragen?

7. Singles haben die falsche Herzenshaltung

»Ich musste erst das Verlangen nach einem Partner ganz an Gott ab- und ihm mein ungeteiltes Herz geben – erst dann konnte er mir einen Mann/eine Frau schenken!« Häch? Hab ich da was falsch verstanden? Erwartet Gott erst eine bestimmte innere Einstellung von mir, um mich mit dem Geschenk einer Partnerschaft zu beglücken? Stimmt also was mit meinem Glauben nicht? Wo ist denn der Du-kannst-so-kommen-wie-du-bist-und-ich-liebe-dich-bedin-gungslos-Gott hin verschwunden? Und ganz davon abge-sehen: Sind alle Verheirateten tatsächlich so viel heiliger als ich?

Klar, Gott will mein ungeteiltes Herz. Aber wenn es un-möglich wäre, darin auch noch die Liebe zu Ehepartner und Kindern, zu Eltern, Geschwistern, Großeltern, Tanten, Onkel, Nichten, Neffen und Freunden unterzukriegen – dann würde ich mal vermuten, dass 99,99 Prozent aller Christen ein ziem-lich unheiliges Leben führen.

Als der blinde Bettler Bartimäus hinter Jesus herschrie, hat der sich nicht umgedreht und gesagt: »Bring erst mal deine Prioritäten in die richtige Reihenfolge!« Er hat gefragt: »Was kann ich für dich tun?« Ganz direkt und ohne Um-schweife (Diese Frage hat er übrigens sehr oft gestellt, wenn Menschen mit Nöten und Bedürfnissen zu ihm kamen). Nein, Jesus ist kein Weihnachtsmann, der die verlangten Ge-schenke bringt und dann auf seiner Liste abhakt: »Einen per-fekten Supertypen für Jani – erledigt!« Manche Wünsche erfüllt er einfach nicht (und das gilt nicht nur für Single-Wünsche). Aber er hört sich unsere Bitten gern an und macht deren Erfüllung nicht von Vorbedingungen abhängig.

8. Singles haben Jesus

»Mach dir nichts draus – du hast doch immer noch Jesus!«
Diese Worte sprach vor Jahren eine Bekannte von mir trös-
tend und mitleidvoll mitten in meine gerade sehr frustige
Singlewelt hinein. Sie hat's mit Sicherheit gut gemeint. Aber
eine solche Aussage impliziert, dass ich gar keinen Grund
habe, etwas oder jemanden zu vermissen, denn Jesus will ja
alles für mich sein. Nun muss ich also zu allem Überfluss
auch noch ein schlechtes Gewissen haben, weil ich einen
Mann will!

Gut, irgendwie hatte sie ja auch recht: Jesus ist für mich
da, hört mir zu, ist mein Trost und Halt und mein stän-
diger Begleiter in guten wie in bösen Tagen. Aber erstens
ist er nicht mein persönlicher Bräutigam, wie das schon
mal gern als Supertipp in Single-Büchern oder -ansprachen
proklamiert wird (Die Braut Jesu ist die gesamte christliche
Gemeinde – und ich würde mir nicht anmaßen wollen, diesem Anspruch gerecht werden zu können. Interessant wäre
übrigens in diesem Zusammenhang mal die Frage, wer Jesus
denn dann für Verheiratete ist – oder für männliche Singles,
so gesehen …). Und zweitens kann Jesus mich nicht nach
einem harten Tag in den Arm nehmen und küssen, mir bei
der Finanzplanung, beim Autokauf und beim Kochen helfen
oder – let's face it! – meine sexuellen Bedürfnisse befriedigen.

Ich finde es ehrlich gesagt ziemlich seltsam, mir Jesus als
meinen Liebespartner vorzustellen, denn das ist er einfach
nicht. Ich hätte das Gefühl, ihn auf irgendeine schräge Art zu
missbrauchen. Er will mit mir eine individuelle und enge
Beziehung haben, ja – genauso wie mit jedem anderen
Menschen auf unserer weiten Erde, unabhängig vom Familienstand. Aber das ist eben eine andere Art von Beziehung.

Ich finde, ich habe durchaus das Recht, etwas in meinem Leben zu vermissen, wenn ich keinen menschlichen Partner habe. Das Gute an meiner Freundschaftsbeziehung mit Jesus: Er weiß, wie sich Singlesein anfühlt. Er versteht meine Sehnsüchte, mein Hoffen und auch meinen Frust, denn er hat diese Situation selbst erlebt. Als Mensch hier auf der Erde. Es tut einfach gut zu wissen, dass der Göttliche meine Menschlichkeit kennt und versteht.

Christiane Henrich, Jahrgang 1969, ist als Redakteurin für die christliche Kinderzeitschrift KLÄX verantwortlich. Am Singlesein findet sie genial, dass sie immer wieder mal ganz spontan mit Freunden übers Wochenende nach Holland fahren kann – ohne jemanden um »Erlaubnis« zu fragen ... Und sie kann Billy-Regale ganz allein aufbauen!

Paulus, spinnst du?

Unfreiwillig allein – das gilt wohl für die meisten Singles.
Kapuzinermönch Paulus Terwitte hingegen hat sich aus
freien Stücken für die Ehelosigkeit entschieden und findet
diesen (Zu-)Stand alles andere als tragisch.

Von Bruder Paulus Terwitte

Jeder ist allein. Als ich meine erste Freundin »verlor«, wurde
mir das schlagartig bewusst: Wie wenig hatten wir uns ge-
kannt. Stundenlange Spaziergänge hatten daran nichts geändert. Vielleicht habe ich da zum ersten Mal die Ahnung
bekommen, dass es vor aller Partnerschaft und Gemeinschaft
eine entscheidende Entdeckung geben muss. Mich hat natürlich Hesses »Siddharta« beflügelt und auch Hammarskjölds
dunkles Tagebuch »Zeichen am Weg«, Bücher, die mein älte-
rer Bruder mit in unser ländliches Daheim brachte. Später
entdeckte ich Rilke und Nelly Sachs, dann auch Charles de
Faucauld und noch später jene, die in der frühen Christen-
geschichte den Geist Jesu vor der drohenden Verstaatlichung
im römischen Reich retten wollten: Die Wüstenväter.

All diese bunten Zeugen geglückten Alleinseins sind sich
einig: Darin kann jeder reich werden. Es gehört geradezu
zur Menschwerdung, dass wir uns lösen aus der Gemeinschaft von Eltern und Geschwistern, um allein unseren
Mann, unsere Frau zu stehen. Allein lebend oder in Partnerschaft oder Gemeinschaft muss das jeder für sich allein entdecken. Jesus muntert dazu auf. Sein Wort »Das Reich Got-

tes ist mitten unter euch« (Lukas 17,21) meint ja nicht nur die Gemeinschaft von Menschen. Es spricht vor allem und zuerst vom Einzelnen.

Gott – unser erstes Gegenüber

Mich hat das überrascht, als mir das klar wurde. Jesus gibt weiter, was er selber erfahren hat. Wieder und wieder zieht er sich freiwillig allein zurück. Ich finde ihn auf einem Berg. Dort will er beten (vgl. Lukas 6,12). Er allein, betont das Evangelium. Er lebt den Kern seiner Botschaft: So sehr der Mensch irdisch geboren wird aus dem Dialog von Mann und Frau, zur Reife kommt er, wenn er geistlich geboren wird aus dem Dialog mit seinem Schöpfer.

Deshalb unterstreicht Jesus das Gebot des Ersten Testamentes, man solle sich selber lieben. Das meint ja nicht, in sich selber verliebt zu sein. Es hält vielmehr die schöne Pflicht fest, sich wertzuschätzen und den Nächsten, vor allem aber Gott. Der – und da schließt sich der göttlich-menschliche Kreis dieses Hauptgebotes – schätzt über alles und vor allem den Menschen wert.

Darin findet der Mensch nach biblischer Auskunft seine Freiheit: Zuzulassen, wie sehr Gott ihn – die Bibel riskiert dafür dieses Wort – liebt. Die biblischen Zeugen und in ihrem Gefolge die Mystiker wagen dafür das Bild der Hochzeit. Der Mensch sei Anverlobter des Heiligen Geistes oder auch Braut Jesu Christi. Ziel des Menschen sei es, sich mit Gott zu vermählen.

»Ich wird am Du« formuliert der jüdische Philosoph Martin Buber. Der Mensch reift, wenn er sich aktiv auf Gott bezieht. Alleinsein, Partnerschaft oder Familie sind der zweite Schritt. Vor ihm liegt als Erstes das innige Verhältnis von Gott und Mensch. Wohlgemerkt: Hier ist von Beziehung die Rede. Das ist weit mehr als Spiritualität oder Gefühl im Innern. Im jüdisch-christlichen Kontext bricht der Mensch aus seiner Innenwelt auf. Seine Einsamkeit wird erlöst, wenn er buchstäblich außer sich gerät und auf Gott hin lobt, klagt, schreit oder gar verzweifelt. Nach dem Zeugnis der Bibel hat das noch keiner vergebens gemacht.

Allein und doch komplett

Manchmal wird so zu glauben auf eine harte Probe gestellt. Als sich Michael, ein mir gut bekannter junger Mann, selbst getötet hatte, wusste ich nicht, wie ich das mit Gott zusammenbringen könnte. Mir fiel Hermann van Veens CD »Blaue Flecken« in die Hände. »Ich tanze mit dem Tod« heißt ein Stück darauf. Es riss mich mit. Plötzlich hatte ich ein neues Bild für mein Alleinsein und für jedes Menschen Alleinsein: Es ist ein Tanz mit dem Tod. Klar, in dieser Situation sah ich das so. Nach und nach entdeckte ich, dass ich als Christ nicht einsam tanze, sondern immer mit Jesus als Partner. Er hat den Tod zu Tode getanzt. Jetzt gibt es keine höllische Einsamkeit mehr. Die Hand des Auferstandenen, die in vielen griechisch-orthodoxen Ikonen die Verstorbenen aus ihren Gräbern mitreißt, erreicht mich immer. Sie greift durch. Sie kann als göttliche Hand ein Leben anbieten, das nach Ewigkeit schmeckt.

»Seltsam, im Nebel zu wandern … jeder ist allein«, schrieb einst Hermann Hesse. Manche empfinden das als schweres Schicksal. Für mich ist es eine Chance. Ich kann mit Gott ein ganzer Mensch werden. Auch wer in Partnerschaft lebt oder in der Familie, muss freiwillig zu dieser Ganzheit finden, die nicht allein auf den anderen ruht. Er muss allein leben können. Sonst werden die Mitmenschen schnell zu Instrumenten für die eigenen Bedürfnisse. Es kann sich nur der auf den anderen wirklich einstellen, der selber so auf eigenen Füßen steht, dass er sich nicht immer anlehnen muss.

Freiwillig allein – ist das normal?

Wer freiwillig allein lebt, bejaht sichtbar, dass Menschsein auch Einsamsein bedeutet. Mir gefällt das Gedicht von Rilke sehr gut:

Du meine heilige Einsamkeit,
du bist so reich und rein und weit
wie ein erwachender Garten.
Meine heilige Einsamkeit du
halte die goldene Türe zu,
vor denen die Wünsche warten.

Diese Zeilen gelten den Alleinlebenden ebenso wie denen in Partnerschaft und Familie. Ich musste lange lernen, dass Lebendigkeit nicht bedeutet, sich alle Wünsche zu erfüllen. Das dürfen Eltern ihren Kindern nicht, und auch nicht ein Partner dem anderen, und niemand sich selber nicht. Wer allein lebt, verdeutlicht besonders klar, dass Wünsche nie erfüllt werden, zumindest nie vollkommen. Das lässt sich niemand gern sagen. Alle möchten ja zumindest sich den Anschein geben, sie könnten sich immer alles sofort erlauben und es würde sie auch »total« zufrieden machen. Wer allein lebt, ist der personifizierte Zweifel an solchen lebensfremden Übertreibungen. Um diesen »Spielverderbern« den Stachel zu nehmen, treffen den Alleinlebenden und die Alleinlebende ja auch immer wieder Vermutungen bis hin zu den schlüpfrigsten Bemerkungen.

Freiwillig allein zu leben ist eine Lebensform, die so natürlich oder unnatürlich ist wie die Ehe. Der Mensch wird, so oder so, erst dann edel und anziehend, wenn er weiß, dass ihm außer Gott niemand letzten Frieden geben kann. Wer allein lebt und wer in Partnerschaft lebt bedarf einer großen Selbstständigkeit. Sie erweist sich in der Freiheit, sich nicht an Wünsche zu binden, sondern an einen Menschen, bzw. an sein Gewissen. Darum ist auch der Apostel Paulus offen in der Frage nach der Lebensform. »Was die Frage der Ehelosigkeit angeht, so habe ich kein Gebot vom Herrn. Ich gebe euch nur einen Rat als einer, den der Herr durch sein Erbarmen vertrauenswürdig gemacht hat. Ich meine, es ist gut wegen der bevorstehenden Not, ja, es ist gut für den Menschen, so zu sein. Bist du an eine Frau gebunden, suche dich nicht zu lösen; bist du ohne Frau, dann suche keine. Heiratest du aber, so sündigst du nicht; und heiratet eine Jungfrau, sündigt auch sie nicht. Freilich werden solche Leute irdischen Nöten nicht entgehen; ich aber möchte sie euch ersparen« (1. Korinther 7,25–28).

Den letzten Satz finde ich besonders apart. Der Apostel sticht da in eine tiefe Wunde: So viele schmachten nach einer Partnerschaft, und dies, obwohl einem aus nächster Nähe bekannt ist, zu welchen Nöten das führen kann. Sie können so groß werden, dass nicht wenige das Alleinleben wählen aus dem gleichen Grund, wie andere die Ehe wählen: als leichteren Weg.

Da schiebt Jesus jedoch einen mächtigen Riegel vor. An

entsprechender Stelle im Evangelium, wo es darum geht, dass ein Mann nicht mal eben seine Frau aus der Ehe entlassen kann, wird es den Jüngern ungemütlich. Sie sagen zu Jesus: »Wenn das die Stellung des Mannes in der Ehe ist, dann ist es nicht gut zu heiraten. Jesus sagte zu ihnen: Nicht alle können dieses Wort erfassen, sondern nur die, denen es gegeben ist. Denn es ist so: Manche sind von Geburt an zur Ehe unfähig, manche sind von den Menschen dazu gemacht, und manche haben sich selbst dazu gemacht – um des Himmelreiches willen. Wer das erfassen kann, der erfasse es« (Matthäus 19,10–12).

Singlesein als Gnadengeschenk

Nüchtern konstatiert er, dass Menschen natürlicherweise zur Ehe unfähig sein können, sei es durch ihre genetische Herkunft oder durch Erfahrungen auf dem Lebensweg. Der Apostel Paulus schließt an diese Überlegungen an: »Den Unverheirateten und den Witwen sage ich: Es ist gut, wenn sie so bleiben wie ich. Im Übrigen soll jeder so leben, wie der Herr es ihm zugemessen, wie Gottes Ruf ihn getroffen hat« (1. Korinther 7,8+17). Es folgt dann noch der dritte Grund, ehelos zu leben: Um des Himmelreiches willen. Und eben nicht, weil man den leichteren Weg wählt, da einem die Ehe zu schwer vorkommt. Oder den vollkommeneren, weil man da besonders heilig werden kann. Man darf sich ja auch nicht für die Ehe entscheiden, um es sich im Leben leichter zu machen oder irgendwie vollkommen zu werden. Dennoch ist es ein besonderer Weg, sich um des Himmelreiches willen zum Alleinleben zu entschließen. Die gottgeweihten Jungfrauen etwa, von denen es in Deutschland offiziell über einhundert gibt, gehören dazu. Männer und Frauen ebenfalls, die in einem inoffiziellen privaten Gelübde ihre ganze Lebensexistenz auf Gott hin geöffnet haben. Sie alle räumen dem kommenden Christus höchste Priorität ein. Wer so lebt, lebt so, als stünde Jesus vor der Tür; was könnte es da Wichtigeres geben. Alleinlebende sind mit allen Fasern ihres Wesens gespannt auf die Gemeinschaft des Himmels, in der ja nicht mehr geheiratet wird (vgl. Matthäus 22,30) und dennoch niemand mehr allein sein wird.

Mit diesen Aussichten ist es ganz und gar nicht spinnert, freiwillig allein zu leben. Es ist eine Gnadengabe Gottes an mein Leben. Mit ihr werde ich zu einem Hinweiszeichen, dass bei aller Freude über menschliche Gemeinschaft die tragende Beziehung allein Gott dem Menschen zu geben vermag. Konkret. Fordernd. Erfüllend. Man muss ihn mitdenken, wenn man mich trifft. Das wiederum trifft dann doch den einen oder anderen. So realistisch haben sie sich Gott nicht vorgestellt. Und auch nicht, dass er einen Menschen in der Weise erfüllen kann, dass er dann in Freude gern und freiwillig allein – mit ihm – lebt.

Bruder Paulus Terwitte, Jahrgang 1959, lebt seit über dreißig Jahren in verschiedenen Single-WG's, pardon, Klostergemeinschaften seines Ordens und freut sich an der intensiven Gemeinschaft mit Gott im Kreis seiner Brüder, die ihm das rechte Maß an einsam und gemeinsam gibt.

Singles haben keinen Sex – oder doch?

Kann man als Single Sexualität leben, auch wenn der potenzielle Partner fehlt? Der Therapeut Matthias Hipler formuliert
herausfordernde Gedanken zu einem heißen Thema.

Von Matthias Hipler

Um es gleich ganz klar zu sagen: Singles sind keine asexuel-
len Wesen. Wobei ich manchmal den Eindruck gewinne, dass
Sexualität als Thema nur für Paare relevant ist. Lust und
Frust im ehelichen Schlafzimmer werden inzwischen in zahlreichen Eheseminaren thematisiert. Selbst von der Kanzel
gibt es hilfreiche Impulse für eine glückliche sexuelle Beziehung zwischen Mann und Frau. Aber wo kommt das Thema
Sex für Alleinlebende zur Sprache? Dabei ist Sexualität für
sie genauso präsent wie für Leute, die in Paarbeziehungen
leben.

Sexualität spielt immer eine Rolle, unabhängig vom
Familienstand. Sie ist eine Schöpfergabe an jede einzelne
Frau und jeden einzelnen Mann. Der Begriff kommt aus
dem Lateinischen und bedeutet »Geschlechtlichkeit«. Es
geht dabei um die persönliche Identität. Ich bin ganz als
Frau bzw. als Mann geschaffen. Ich denke, fühle und lebe
immer in der Bindung an meine geschlechtliche Identität.
Ich ticke männlich oder weiblich. Folgerichtig besteht
meine Sexualität in meiner Geschlechtlichkeit. Menschen
haben nicht Sex, sondern sind das Sexualwesen Mann oder
Frau.

Alleinlebenden geht es nicht anders als Verheirateten. Sie kennen die gleichen sehnsuchtsvollen Wünsche, verspüren ähnliche erotische Gefühle und hoffen ebenso auf intime Nähe. Für beide Gruppen ist und bleibt das Thema Sex spannend und manchmal auch spannungsreich. Wer als Solist lebt, wird genauso mit seiner geschlechtlichen Identität konfrontiert, wie derjenige, der in einer Partnerschaft zu Hause ist. Die Lebenswirklichkeiten mögen sehr unterschiedlich sein, aber Männer sind Männer und Frauen bleiben Frauen, durchdrungen von sexueller Lebenskraft. Im Folgenden möchte ich einige Gedanken formulieren, die Singles anregen können, ihre Sexualität aus einem neuen Blickwinkel heraus zu betrachten.

Sexualität spiegelt immer eine Sehnsucht wider

Sexualität spiegelt die Sehnsucht nach einem ganzheitlichen und erfüllten Leben wider. Jeder ist in seiner geschlechtlichen Identität begrenzt. Als Mann kann ich zum Beispiel die weibliche Seite nur sehr begrenzt nacherleben. Die geschlechtliche Dualität von Mann und Frau bringt eine erotische Spannung hervor. Man fühlt sich zum anderen Geschlecht hingezogen, eben weil es so ganz anders ist, ersehnt das Zusammensein, die Ergänzung und letztlich auch die Verschmelzung. Im Schöpfungsbericht der Bibel ist davon die Rede, dass Adam und Eva »ein Fleisch« wurden, das heißt auf körperlicher und seelischer Ebene miteinander verschmolzen. So verbirgt sich hinter aller Sehnsucht nach dem Liebespartner letztlich die Hoffnung ganz zu werden, eins zu werden und die eigenen Grenzen zu überwinden. Alle Menschen, ob ledig oder verheiratet, bleiben sehnsuchtsvoll Suchende. Denn in der sexuellen Vereinigung von Mann und Frau wird diese Sehnsucht ansatzweise erfüllt, aber nie ganz und dauerhaft. Und so bleiben beide trotz gelebter Intimität immer auch in sich begrenzt.

In unseren Vorstellungen über Liebe, Partnerschaft und Sexualität glauben wir dem alten Mythos, dass eine Liebesbeziehung alle unsere unerfüllten Wünsche erfüllen, alle Hoffnungen belohnen und alle inneren Grenzen überwinden wird. Wenn ich erst die große Liebe gefunden habe und mit ihr eins werde, so die irrige Annahme, werde ich mich glücklich, zufrieden und umfassend erfüllt fühlen. Doch diese hoffnungsschwere Erwartung ist immer größer als deren Erfüllung. Kein anderer Mensch kann letztlich zum Glücksboten meines Lebens werden. Niemand vermag meine unerfüllten Sehnsüchte ganz zu stillen oder meine erlittenen Defizite auszugleichen.

Als Paartherapeut begleite ich immer wieder Menschen, die trotz Partnerschaft und Ehe an ihre eigenen Begrenzungen stoßen, Einsamkeit erfahren und mit ungestillten Bedürfnissen klarkommen müssen. Auch wenn die Liebe erfüllende Momente bereithält und sich beide mit Zärtlichkeit und leidenschaftlicher Lust beschenken – die letzte und tiefste Lebenserfüllung hängt nicht vom Familienstand ab. Wer alleine lebt, ist herausgefordert, seiner Sehnsucht auf den Grund zu gehen: Was treibt mich im Innersten meiner Seele an? Welcher Raum in meinem Denken und Fühlen, in meinem Herzen, fühlt sich unausgefüllt an? Diese Sehnsucht gilt es anzunehmen und sie nicht exklusiv auf eine mögliche Partnerschaft zu fokussieren, sondern sie auf Gott hin auszurichten. Er allein vermag das Vakuum meines Herzens auszufüllen und meinem Leben auf einer tieferen Ebene Ganzheit zu schenken. Das Heil und Heilwerden meiner

Begrenzungen finde ich nicht bei einem anderen Menschen, sondern bei Gott. Die sogenannten »Mystiker« haben ihre sehnsuchtsvolle Power in eine persönliche Beziehung zu Gott investiert. Mit ihrem Glauben strebten sie nach Gotteserfahrungen, die ihnen eine intime Nähe schenken sollte, eine Erfahrung vom »Einswerden« mit Gott. Nun müssen nicht alle Singles zu Mystikern werden. Aber ich bin davon überzeugt, dass der christliche Glaube eine Antwort auf unsere Ursehnsucht nach dem Du, nach dauerhafter Erfüllung gibt. In einer persönlich gelebten Beziehung zu Gott und Jesus Christus werde ich in einen tiefen Frieden eintauchen, auch wenn manche Hoffnungen auf gelebte Sexualität unerfüllt bleiben. Wer mit seiner Ursehnsucht hinter allen sexuellen Wünschen in Kontakt kommt, begegnet der Ursehnsucht seines Herzens nach Gott.

Sexualität ist auf Fruchtbarkeit angelegt

Jeder von uns möchte fruchtbar und auch auf eine gewisse Weise produktiv leben. Wir möchten etwas erreichen, erschaffen und aufbauen. So lautet ja auch der Schöpfungsauftrag an uns Menschen, fruchtbar zu sein und die Erde zu bebauen und zu bewahren. Ein wichtiges Ziel von Sexualität ist die Zeugung von Nachkommen. Paare »setzen« Kinder in die Welt und sichern so den Fortbestand. Aber auch Alleinlebende können durchaus ihr Leben sehr fruchtbar gestalten. Sie sind begabt, etwas Neues ins Leben zu rufen und ihren Alltag mit viel Kreativität zu gestalten. Ich kenne viele Singles, die ihrer Fruchtbarkeit Raum geben und sie in die eigene Lebenswirklichkeit integriert haben. Auch wenn der Kinderwunsch aus ganz unterschiedlichen Gründen versagt geblieben ist, können im übertragenen Sinn »Kinder« ins Leben gesetzt werden. Zum Beispiel entfaltet sich kreatives Engagement, wenn eine Singlearbeit initiiert wird. Ein musisch Begabter lebt seine schöpferische Kraft aus, in dem er eine Musikgruppe gründet oder sich in einen Chor einbringt. Warum nicht einfach einmal die eigene Wohnung renovieren und eigene Wohnraumideen in die Tat umsetzen? Ich bewundere kreative Köpfe, die beispielsweise individuelle Grußkarten entwerfen und an Freunde verschicken. Letztlich sind der eigenen Kreativität keine Grenzen gesetzt.

Ich denke an einige eindrückliche Begegnungen mit Ordensmännern im Kloster zurück. Sie hatten sich zu lebenslanger Keuschheit und Kinderlosigkeit verpflichtet. Und obwohl sie keine sexuellen Beziehungen lebten, strahlte ihre Persönlichkeit eine für mich faszinierende Lebendigkeit aus. Sie wirkten auf eine besondere Art fruchtbar in ihre Umgebung hinein. Ihre schöpferische Kraft ließen sie in den Dienst an andere Menschen und Gott fließen. Wie diese Ordensleute kann jede und jeder bleibende Spuren in diesem Leben hinterlassen. Wir wirken produktiv, wenn wir unsere Lebensumstände verändern und mutig neue Aufgaben anpacken.

Sexualität bedeutet Hingabe

Wer einen anderen Menschen liebt, gibt sich ihm auf eine umfassende Weise hin. Die sexuelle Hingabe in einer Ehe braucht einen Treuerahmen, um sich geschützt entfalten zu können. Ich gehöre nicht mehr mir selbst, sondern verschenke mich an das geliebte Du.

Dieser Aspekt von Sexualität kann gelebt werden in der

Hingabe an eine wichtige Lebensaufgabe. Jedes leidenschaftliche Engagement in meinem Beruf oder einer ehrenamt-
lichen Aufgabe verlangt meine Hingabe. Ich bin ganz bei
der Sache und investiere Herzblut. Ich identifiziere mich mit
einer besonderen Herausforderung und gebe mein Bestes,
um sie zu bewältigen. Aber auch im Blick auf Menschen
meiner Umgebung, die mir etwas bedeuten, kann ich Hingabe leben. Ich gebe mich in freundschaftliche Beziehungen
hinein und bringe meine Erfahrungen, Gedanken und Gefühle ein. Ich lebe treuevolle freundschaftliche Beziehungen
und bin ganz für einen anderen Menschen da, begleite ihn
durch dick und dünn. Der andere weiß, dass er sich auf mich
verlassen kann. Ich finde es klasse, wenn Alleinlebende sich
in Patenschaften einbringen und Kinder als unterstützende
Freunde ins Erwachsenenleben hinein begleiten. Wenn ich
mich an eine Aufgabe oder in eine Freundschaft hingebe,
lasse ich mich selbst ein gutes Stück los. So kann ich eine
Facette meiner Sexualität ausleben, auch ohne verheiratet zu
sein.

Sexualität bedeutet Körperlichkeit

Viele Menschen gehen kopflastig durch den Alltag. Sie haben nicht genügend gelernt, ihren Körper wahrzunehmen.
Manchmal stehen sie in der Gefahr, ihre eigenen Bauchge-
fühle zu ignorieren. Ihre sinnliche Wahrnehmung liegt teilweise brach. Sie denken mehr, als dass sie spüren.

Sexualität entfaltet sich in einer guten Körperwahrneh-
mung. Sie lebt auf, wenn ich sensibel mit meiner eigenen
Leiblichkeit umgehen lerne. Sinnlichkeit ist ein Ausdruck
von sexueller Kraft. Sinnliche Menschen nehmen Bilder,

Düfte oder Stimmungen intensiver wahr. Sie erspüren den Reichtum an Eindrücken, den ihr Alltag ihnen bietet. Sie erleben die ganze Bandbreite sinnlicher Empfindungen. Sie genießen, was sie sehen, hören oder schmecken. Dazu gehört auch, auf die Stimme des eigenen Körpers zu hören: Wie fühle ich mich im Moment? Was nehme ich an Körperreaktionen bei mir wahr? Wie fühlt es sich in meinem Körper gerade an?

Mein Körper ist mein lebenslanges Zuhause. Er gibt meiner Persönlichkeit Gestalt. Er ermöglicht es mir, mit anderen Menschen in Kontakt zu treten und mit ihnen zu kommunizieren. Mein Körper verdient es, dass ich ihn wertschätze, ihn so annehme, wie er ist. Als Frauen und Männer bleiben wir herausgefordert, unseren Leib zu bejahen. Der Apostel Paulus gebraucht ein sehr eindrückliches Bild, wenn er vom Körper als dem »Tempel des Heiligen Geistes« spricht. Der Jerusalemer Tempel, den er dabei vor Augen hatte, war ein echter Prachtbau, imposant anzuschauen, ein würdevoller Ort, an dem Gott verehrt wurde. In den Augen des Schöpfers besitzt unser Körper einen besonders hohen Stellenwert. Er hat ihn wunderbar gemacht. Nun sind die wenigsten Menschen mit ihrem Körper wirklich zufrieden. Sie leben eher im Unfrieden mit ihren Maßen und Proportionen. Sie haben an ihrem »Tempel« immer etwas auszusetzen. Oft sind es die verschiedenen »Zu«-Vorstellungen, die ein positives Körperbild beeinträchtigen: zu groß, zu klein, zu dick oder zu dünn, zu breite Nase, zu schmale Schultern. Der eigene Körper wird abgewertet. Doch auch wenn keiner den perfekten Body sein Eigen nennt, brauchen wir eine positive, annehmende Grundhaltung zu unserem leiblichen Zuhause. Wir müssen unseren Körper mögen, um uns in ihm wohl zu fühlen – und zwar so wie er ist, nicht wie er sein sollte. Ich kann daran arbeiten, mich als Mann in meinem männlichen Körper heimisch zu fühlen und mich als Frau in meiner ganzen Weiblichkeit schön zu finden. Ich nehme meine Sexualität an, indem ich mich in meiner Haut zunehmend wohl fühle. Mein Selbstbild spielt eine wichtige Rolle, ob ich mich als Mann oder Frau annehme. Hier liegt ein Schlüssel für ein positives Lebensgefühl. Ich kann ein positives Selbstbild formen, indem ich meine körperlichen Schwächen akzeptiere, meine schönen Seiten in den Blick nehme und mir immer wieder selbst sage, dass ich ganz einverstanden mit mir als Mann oder Frau bin. Ich werde den Rest meines Lebens in diesem Körper verbringen. Da macht es Sinn, mit ihm eine dauerhafte Freundschaft zu schließen.

Sexualität braucht zärtliche Berührungen

Bei einem Seminar mit alleinlebenden Frauen und Männern sprachen wir darüber, wie sehr wir uns zu manchen Zeiten nach liebevollen Gesten und zärtlichen Berührungen sehnen und wie dieser Bereich ohne eine Partnerschaft brachliegen kann. Eine Teilnehmerin fasste den Mut, sich von einer anderen Teilnehmerin eine herzliche Umarmung zu wünschen. Mit trauriger Stimme sagte sie: »Ich weiß nicht mehr, wie lange es schon her ist, dass mich ein anderer Mensch einfach mal in den Arm genommen hat!«

So wie wir schon als Kinder darauf angewiesen waren, liebevoll berührt zu werden, um uns als liebeswert zu empfinden, benötigen wir auch als Erwachsene körperliche Zuwendung. Ich wünsche mir in Kirchen und Gemeinden eine wachsende Kultur des herzlichen Umgangs miteinander. Der beginnt mit einer Sprache, die wertschätzende Zuwendung ausdrückt. »Schön, dich zu sehen! Du bist willkommen, so wie du bist!« Aber auch körperliche Gesten, die mir sagen, dass ich gemocht bin, haben einen besonderen Wert. Eine feste Umarmung zur Begrüßung oder zum Abschied. Aufgelegte Hände, mit denen wir einander Segen zusprechen und kleine Gesten im alltäglichen Umgang. Jeder von uns braucht auch Liebe, die über die Haut geht, egal, ob Single oder verheiratet.

Zärtlichkeit ist eine bedeutsame Sprache der Sexualität und sie gehört elementar in unsere Beziehungen und Gemeinschaften hinein. An Jesus können wir deutlich ablesen, wie ein Lebensstil der Zärtlichkeit aussehen kann. Obwohl Jesus allein lebte, segnete und herzte er liebevoll die Kinder. Er legte Aussätzigen die Hände auf und berührte sie ohne jede Scheu. Er nahm den sinkenden Petrus bei der Hand und hielt ihn fest. Sein Lieblingsjünger Johannes durfte an seiner Brust liegen.

Selbstbefriedigung

»Wenn der Schöpfer um jeden Preis hätte verhindern wollen, dass wir uns selbst befriedigen, dann hätte er uns kürzere Arme gegeben!« Dieser zugegeben flotte Spruch nimmt dem Tabuthema Selbstbefriedigung den manchmal sehr übertriebenen Ernst. Bis ins 20. Jahrhundert galt Selbstbefriedigung als moralisch verwerflich und sündhaft und wurde verteufelt. Rückgraterweichung, Schwindsucht und alle anderen möglichen Erkrankungen wurden ihr zugeschrieben. Es mutet heute grotesk an, was zu Zeiten regider Sexualauffassungen alles unternommen wurde, um Selbstbefriedigung bei heranwachsenden Jungen zu unterbinden. Erzieher erfanden Handschuhe oder spezielle Käfige, die es ihren Zöglingen unmöglich machen sollten, sich an ihren Geschlechtsorganen manuell zu betätigen.

Der häufig verwendete Begriff »Masturbation«, der aus dem Lateinischen kommt und soviel wie »mit der Hand entehren« bedeutet, wertet diese Sexualpraktik sehr ab. Ich halte Selbstbefriedigung für eine sexuelle Praktik, die sehr differenziert betrachtet werden muss. Interessanterweise findet sich in der Bibel keine einzige Aussage zu diesem Thema. Das alttestamentliche Beispiel Onans, von dem der irreführende Begriff der Onanie abgeleitet wurde, sagt lediglich aus, dass er seinen Samen auf die Erde fallen ließ, um sich so der Pflichtehe mit der Frau seines Bruders zu entziehen (1. Mose 38,1–11). Ob er dabei Selbstbefriedigung oder den unterbrochenen Geschlechtsverkehr praktizierte, spielt keine Rolle, weil es um die Erbfolge und nicht um Sex ging.

Fast alle heranwachsenden jungen Frauen und Männer praktizieren Selbstbefriedigung. Diese Erfahrung gehört zu einer normalen Sexualentwicklung. Sie lernen ihren eigenen Körper besser kennen und experimentieren spielerisch mit ihren eigenen sexuellen Lustempfindungen. Für manche Jugendliche entstehen erst dadurch starke Schuldgefühle, wenn die Eltern schockiert oder ablehnend darauf reagieren, statt ihnen in dieser spannenden und manchmal sehr spannungsreichen Zeit des Erwachsenwerdens verständnisvoll zur Seite zu stehen. Der Jugendliche erlebt, dass sein Körper genauso reagiert, wie Gott sich das gedacht hat, mit dem ganzen Spektrum an schönen Gefühlen. Wenn er aber gleichzeitig durch Eltern oder andere Autoritätspersonen vermittelt bekommt, dass Selbstbefriedigung etwas Schlimmes ist, führt ihn das in eine innere Zerrissenheit.

Für Alleinlebende, die allein die Ehe als den von Gott gegebenen Rahmen für partnerschaftliche Sexualität akzeptieren, bietet die Selbstbefriedigung die einzige Möglichkeit, sich sexuell zu entspannen. Leidenschaftliche sportliche Aktivitäten können auspowern, ein genussvolles Eintauchen in tolle Musik kann einem sehr viel geben, aber sie ersetzen nicht die Auflösung sexueller Anspannung durch Selbstbefriedigung. Darum meine ich: Wer als Single Selbstbefriedigung praktiziert, ist völlig okay. Mit unerfüllten Partnerwünschen zu leben, ist für viele schon schwer genug. Sie zusätzlich mit dem moralischen Zeigefinger der Sünde der Selbstbefriedigung anzuklagen, beschwert nur, statt zu helfen.

Doch natürlich gibt es auch eine problematische Seite: Alleinlebende, die sich selbst sexuell stimulieren, bleiben letztlich auf sich selbst gerichtet. Selbstbefriedigung kann niemals das leidenschaftliche Liebesspiel innig verbundener Partner ersetzen. Insofern bleibt sie immer eine Form der Ersatzbefriedigung. Aus vielen seelsorgerlichen Gesprächen weiß ich, dass für manchen die Selbstbefriedigung zu einem echten Problem werden kann. Nicht selten verbergen sich dahinter tiefer liegende Konflikte. Einsamkeitsgefühle, Angst vor Nähe und Intimität, die Unfähigkeit, Spannungen auszuhalten oder die Entlastung von Unlustgefühlen bilden mögliche Ursachen. Frauen und Männer nutzen die Selbststimulation, um sich in eine Phantasiewelt wegzuträumen. Sie wird zu einem Schrei nach Liebe, Wärme und Geborgenheit. Fatal daran ist jedoch, dass durch Selbstbefriedigung keine Einsamkeitsgefühle bewältigt werden können. Nach dem Orgasmus kehrt das Gefühl, alleine zu sein, doppelt schmerzlich zurück. Der Frust ist groß. Ich bleibe in mir selbst gefangen und werde mit meiner Einsamkeit erneut konfrontiert. Um diese Frustgefühle loszuwerden, bietet sich die wiederkehrende Selbstbefriedigung als scheinbarer Ausweg an. Doch auf diese Weise kann sie schleichend einen Suchtcharakter bekommen.

Ich halte es für sehr wichtig, nicht einen erbitterten Kampf gegen die Selbstbefriedigung zu führen. Auch durch die Beichte geschieht keine automatische Verhaltensänderung und Befreiung. Deshalb empfehle ich Betroffenen, die verborgenen Hintergründe einer zwanghaften Selbstbefriedigung mit einem Seelsorger oder Berater zu erarbeiten und nach Wegen zu suchen, wie eigene Verhaltensweisen korrigiert werden können. Statt gegen die Selbstbefriedigung anzukämpfen, empfehle ich neue, mutige Schritte ins Leben zu wagen. Konkret bedeutet das, Bekanntschaften und Freundschaften zu knüpfen und zu vertiefen. Ein gesundes Gemeinschaftsgefühl in tragfähigen Beziehungen hilft dabei, Frust abzubauen. Alles, was Lebenslust und Glaubensfreude neu zu wecken vermag, löst die Fixierung auf die Selbstbefriedigung.

Input gleich Output

Eine besondere Problematik ergibt sich gerade für männliche Singles durch das Internet. Wer seine Phantasie beständig mit erotischen oder pornographischen Bildern füttert, darf sich nicht wundern, ständig unter sexueller Spannung zu stehen. Hier gilt: Input gleich Output. Was wir visuell in uns aufnehmen, bestimmt unsere Vorstellungswelt. Unzählige Sex-Anbieter haben inzwischen aus dem Bedürfnis nach anonymem Solo-Sex ein Milliardengeschäft gemacht. Nie zuvor war es einfacher als heute, sich losgelöst von einer Liebesbeziehung sexuell anzuregen. Aber so einfach es ist, per

Mausklick stimulierende Bilder oder Filme auf den Bildschirm zu holen, so schwer wird man(n) sie wieder los!

Ich träume davon, dass jede christliche Gemeinde Männer- oder auch Frauengruppen anbietet, in denen sich von Internetpornographie Betroffene vertrauensvoll austauschen und ermutigen können. Dabei leiden nicht nur Alleinlebende, sondern auch Verheiratete gleichermaßen unter den Versuchungen der Internetpornographie.

Ich wünsche mir, dass meine Gedankenanstöße den Blick etwas dafür geweitet haben, dass deine Sexualität eine kostbare Gabe ist, die du in vielen verschiedenen Bereichen und auf eine lebendige, kreative Art ausleben kannst. Sie reicht weit über die sexuellen Aktivitäten in einer Partnerschaft und Ehe hinaus. Deine eigene Sexualität wahrzunehmen, sie zu bejahen, sie in dein Leben zu integrieren, bleibt eine lebenslange und ungeheuer spannende Aufgabe. Unabhängig davon, ob du einmal in der Zukunft eine Partnerschaft findest oder alleine bleiben wirst: Lebe fruchtbar und kreativ, wage Hingabe an Aufgaben und Menschen, vertiefe die freundschaftliche Beziehung zu deinem Körper und verschenke die Zärtlichkeit, die in dir liegt! All das, was deinem Leben neu und vermehrt Lebendigkeit verleiht, wird dir dabei helfen, auch mit den ungestillten Sehnsüchten in Frieden und zufrieden zu leben.

Matthias Hipler, Jahrgang 1960, leitet als Pastor eine innovative Freie evangelische Gemeinde in Nidderau, tourt als Referent für Beziehungsfragen durchs Land und betreibt eine psychotherapeutische Praxis, in der er Singles und Paare unterstützt.

Kein fünftes Rad am Wagen

Als Single mit Paaren befreundet zu sein, muss nicht immer kompliziert sein. Im Gegenteil, findet Sigrid Röseler.

Von Sigrid Röseler

Neulich sitze ich mit meiner Mutter auf dem Sofa und schlürfe eine Tasse Tee. Wir schauen schweigend durch das Fenster auf die Straße. Kinder spielen, ein Fahrradfahrer fährt klingelnd vorüber. Ein friedlicher Anblick. Es ist einer dieser Sonntage, an denen ich bei meinen Eltern zu Mittag eingeladen bin. Das Essen köchelt auf dem Herd und der Duft zieht zu uns herüber. Ich fühl mich pudelwohl. Plötzlich schießt ein Satz durch den Raum und zerreißt die gemütliche Ruhe: »Sag mal, bist du eigentlich glücklich – so alleine?« Ich stutze. Das hat mich meine Mutter noch nie gefragt! Seit mehr als 10 Jahren bin ich Single. Diesen »Zustand« habe ich mir nicht bewusst ausgesucht. Er flog mir praktisch zu, als ich Christin wurde. Ich dachte zwischenzeitlich sogar, ich hätte die Gabe der Ehelosigkeit. Ich war mir hundertprozentig sicher und versprach Gott hoch und heilig, dass er jetzt meinen »speziellen« Weg für meine »besondere« Berufung ebnen dürfe. Dieser »spezielle Weg« führte direkt in eine Probe aufs Exempel. Ich traf auf einen Mann, in dessen Nähe mir dermaßen schwindelig wurde, dass selbst ich auf die Idee kam, dass ich die besagte Gabe wohl doch nicht besitze. Doch wie diese Geschichte weiterging, steht auf einem anderen Blatt und soll ein anderes Mal erzählt werden.

Zärtlichkeiten und Eiscreme

Ich bin also Single geblieben und nun diese Bemerkung meiner Mutter. Ich sitze da, nehme mir nicht einmal Zeit meine Tasse abzusetzen und sage ohne zu zögern: »Ja.« Und nach einer kleinen Pause: »Ich fühl mich nicht alleine. Ich hab' gute Freunde.« »Ja, aber – wie ist das denn mit … Zärtlichkeiten? Vermisst du da nichts?« Der nächste Hammer. Ich muss sagen: Ich bin wirklich überrascht. Ich staune über meine Mutter, knapp 70 Jahre alt. Solch persönliche und direkte Fragen bin ich in meiner Familie einfach nicht gewohnt. Irgendwie habe ich das ganze Thema sonst immer mit mir selbst und ein paar Freundinnen ausgemacht, die ebenfalls nicht verheiratet sind. Und die haben sich da leider schon ganz andere Geschichten anhören müssen. Zum Beispiel: »Kind, warum hast du denn eigentlich noch keinen Freund? Ist denn da kein netter Mann, der dir gefällt?« Wie soll man denn auf solche bescheuerten Fragen reagieren? Dagegen finde ich die Frage: »Bist du glücklich?« eigentlich richtig intelligent.

Nun gut, diese Frage hatte ich ja nun schon beantwortet. Bleibt noch die andere Sache offen – die mit »den Zärtlichkeiten«. Und nun staune ich über mich selbst. Lässig erwidere ich: »Weißt du, Mama, das ist bei mir so: Wenn im Sommer die Hitze so richtig knallt und ich tierisch Bock auf Eiscreme hab, aber leider keine mehr in meinem Gefrierfach hab – dann sterb' ich nicht gleich. Und manchmal hab ich auch gar keinen Appetit auf Eis, egal wie heiß es ist.« Meine Mutter schaut mich mit großen Augen an. So viel metaphorische Weisheit hätte sie mir wohl gar nicht zugetraut. »Na, denn …«, lächelt sie und schlendert zurück in die Küche. Später haben wir eine nette Zeit zu Tisch. Mein Vater, meine

Mutter und ich. Wir verstehen uns und sind vergnügt. Das war nicht immer so. Doch wie es dazu gekommen ist, ist eine andere Geschichte und soll ein anderes Mal erzählt werden.

Heute jedenfalls fühle ich mich in Gegenwart meiner Eltern angenommen und getragen, obwohl ich anders lebe als meine Schwestern. Deren Kinderreichtum veranlasst mich schon manchmal zu fragen, ob ich vielleicht etwas falsch mache. Immerhin bin ich 7-fache Tante. Doch meine Eltern haben mich in dieser Hinsicht nie mit meinen Geschwistern verglichen. Das rechne ich ihnen hoch an. Die beiden sind wirklich ein Paar, bei dem ich nicht das fünfte Rad am Wagen bin. Selbst an Weihnachten nicht, wenn wir zu dritt einen ganzen Gänsebraten schaffen müssen. Sie freuen sich aufrichtig über meinen Solo-Besuch und schauen mich auch nicht mitleidig an.

Allein unter Eltern

Glücklich und zufrieden – bin ich das wirklich? Größtenteils ja. Das Thema Ehemann kommt mir eher so »saisonweise« hinter die Stirn und dann fange ich an zu grübeln. So wie letzten Sommer. Ich bin – mal wieder – an einem Sonntag bei meinen Eltern (Nein, nicht jeden Sonntag, sondern höchstens alle sechs Wochen, Ehrenwort!). Am Nachmittag fahren wir raus, um etwas spazieren zu gehen. Ich beobachte die Menschen, die uns auf dem Weg entgegenkommen. Es sind hauptsächlich Paare – mit kleinen Kindern oder ohne – sowie kleine Seniorengrüppchen oder einsame Hunde-Liebhaber. Aber keine 38-Jährigen, die alleine mit ihren Eltern den Sonntag verbringen. Auf einmal schäme ich mich ein bisschen. Peinlich! Wer ist denn in dem Alter noch alleine mit seinen Eltern unterwegs? In diesem Moment schneidet mein Vater das Thema Urlaub an. Ich stehe kurz vor einer London-Fahrt mit einer Freundin (Ich bin froh, dass ich nicht alleine auf eine dieser Reisen muss, die sich dann als Single-Börse entpuppen.). London findet mein Vater interessant. Ganz unvermittelt bleibt er plötzlich stehen und strahlt mich an: »Wir müssen das noch richtig genießen, dass du bei uns bist. Denn wer weiß, wie lange wir dich noch haben? Am Ende lernst du in London deinen Mann kennen und nimmst dir eine Wohnung im Stadtteil Soho.« Ich schlucke. Der hat Phantasien! Dann muss ich lachen. Ich hätte ihn knutschen können. Erstens sind meine schamvollen Gedanken durch seine schräge Idee wie weggeblasen, zweitens wird mir klar, dass mein Vater eine gelassene Hoffnung pflegt, was die Heirat seiner jüngsten Tochter betrifft. Er hätte ja auch insgeheim denken können, dass der Zug für mich mittlerweile abgefahren ist. Hat er aber nicht.

Um es kurz zu machen: Ich habe niemanden in London kennengelernt (und Soho hätte mir als Wohngebiet auch überhaupt nicht gefallen). Dafür habe ich eine wunderbare Zeit mit meiner Freundin verbracht. Sie ist meine Tanz-Freundin. Sie rockt und swingt genauso gerne wie ich. Sie ist übrigens verheiratet. Sie hat ihren Mann per Anzeige gefunden. Das ist so lange her, dass das noch über die Zeitung lief. Heute ist ja das World Wide Web dafür zuständig. Ich habe die Tage in der britischen Hauptstadt mit ihr unheimlich genossen. Nicht weil wir unter uns Frauen waren, sondern einfach weil wir uns gut verstanden haben. Und ich verstehe mich genauso gut mit ihr, wenn ihr Mann dabei ist. Schon oft haben wir gemeinsam zu Abend gegessen und bei einem Glas Wein stundenlang geschnackt. Dieses Jahr werden wir auch wieder Silvester miteinander feiern und dann krieg ich von beiden einen festen Drücker. So einen richtig herzhaften. Wahrscheinlich wird auch ein anderes Ehepaar mit dabei sein, das ich ebenfalls gut kenne. In dieser Kombination hat das schon einmal gut geklappt und auch da fühlte ich mich nicht fehl am Platz. Das Feeling ist einfach sehr familiär und dafür bin ich total dankbar.

Freunde für alle Fälle

Apropos World Wide Web: Gegen diese virtuellen Anzeigen von Millionen »attraktiver Ers« und Abermillionen »symphatischer Sies« bin ich, glaube ich, eher so etwas wie eine wandelnde Live-Anzeige. Schon ein paar Mal ist es mir passiert, dass mir jemand begegnet ist, der mich dann wärmstens einem Freund empfohlen hat. So was! Einmal haben wir mitten in der Stadt ein Gemeindefest veranstaltet. Dabei gibt es natürlich auch Musik. Ich stehe am Mikro und singe. Eine Frau wird aufmerksam, bleibt stehen und hört die letzten Minuten gespannt zu. Danach wechsele ich ein paar Sätze mit ihr. Wenige Tage später erreicht unsere Gemeinde eine E-Mail: »… Ich suche eine große blonde Frau aus Ihrer Gemeinde. Könnten Sie bitte einen Kontakt vermitteln? …« Die nette Unbekannte vom Straßenfest hatte ihrem besten Freund von mir erzählt. Und der hat mutig ein Kontaktformular auf unserer Homepage ausgefüllt. Sachen gibt's, die gibt's gar nicht! Doch wie diese Geschichte weiterging, das ist eine andere Sache und soll ein anderes Mal erzählt werden.

Zurück zu den guten Freunden. Ich bin zum Beispiel auch sehr dankbar für eine nette Kollegin von der Arbeit, die einen ebenfalls netten Mann hat. Die beiden machen ihr Haus sperrangelweit auf für mich. Wir haben schon einige

Video-Abende miteinander verbracht und nie hatte ich das Gefühl, endlich gehen zu müssen, um die beiden allein zu lassen. Im Gegenteil. Nach dem zweiten Film fallen mir die Augen zu, die beiden schalten den Fernseher aus und ich rüste mich zum Gehen: »Ja wie, jetzt trinken wir doch noch ein Bierchen zusammen, oder?« Nichts da, ich muss ins Bett. Übrigens wird die Küche der beiden jede Adventszeit mindestens einmal von uns in Beschlag genommen. Denn dann backen wir stapelweise sogenannte Kissinger Brötchen – so richtig dicke, fette 300-Kalorien-Kekse (mindestens!). Sie ist für mich eine »Back- und Bet-Freundin«. Schon viele Stunden habe ich mit ihr vor Gott verbracht. Und natürlich auch das Thema Ehemann bewegt. Sie ist sich ganz sicher, dass ich heiraten werde, und ist schon sehr gespannt auf meinen Zukünftigen. Das finde ich cool, auch wenn der erst noch gebacken werden muss.

Ganz klasse ist auch meine »Lauf-Freundin«. Vor kurzem haben wir das gemeinsame Joggen entdeckt. Eine von mehreren Interessen, die wir miteinander teilen können. Mit ihr habe ich sehr tiefe Gespräche, die man nicht mit vielen führen kann. Auch sie lebt in einer beneidenswerten Ehe. Trotzdem spüre ich, wie sehr die beiden mich schätzen. Sie sind sich selbst nicht genug. Das ist einfach schön. Wenn ich dort durch die Tür komme, fühle ich mich ganz wie zu Hause. Und genauso kann ich mich dort auch benehmen – als ganz normales Rad am Wagen.

Von einem Wunsch beseelt

Anders ist das bei Freundinnen, die so wie ich schon lange solo sind, und die dann aus heiterem Himmel jemanden kennenlernen. Das war vor kurzem so. Wir haben noch einen gemeinsamen Urlaub am Meer verbracht. Vier Frauen in einem Ferienhaus. Zwei davon bis über beide Ohren verliebt. Da wusste ich schon – das wird so ne Art Junggesellinnen-Abschied. Schon bald danach erhielt ich prompt eine Einladung zur Trauung. Auf Hochzeiten bin ich immer gerne gegangen. So auch in diesem Fall. Es ermutigt mich einfach, dass diese »Wunder« immer wieder passieren können – auch in meinem Leben.

Neulich sitze ich in der Kneipe und eine Bekannte fragt mich, wie ich es bis dahin überhaupt aushalte. Ich erzähle ihr, dass ich noch einen ganz anderen Herzenswunsch habe. Und dass der sich hartnäckig auf Platz 1 meiner Prioritätenliste hält – solange bis er sich erfüllt hat. Vielleicht komme ich deshalb relativ gut ohne Mann aus. Der Fokus ist ein anderer. Es ist eine Sehnsucht, die alles andere übertrifft. Wenn ich wählen müsste, würde ich mich dafür entscheiden. Doch dies steht auf einem anderen Blatt und soll ein anderes Mal erzählt werden.

Sigrid Röseler, Jahrgang 1971, mag Fernsehen, aber nur als Macherin beim ERF. Als Single genießt sie die Freiheit, ihre Socken rumfliegen zu lassen, wo sie will, und freut sich an Kommentaren wie: »Also, dass du noch nicht verheiratet bist, das kann ich ja überhaupt nicht verstehen!«

Lass uns Freunde bleiben!

Kurz vor der Silbernen Hochzeit steht Manfred Schneider*
vor den Trümmern seiner Ehe. Heute können er und
seine Frau sich wieder als Freunde begegnen. Doch bis
dahin war es ein langer Weg.

Von Manfred Schneider*

Zwei Wochen vor unserer Silbernen Hochzeit haben meine
Frau und ich uns getrennt. Hinter uns lag ein weiter Weg:
Zunächst eine wirklich gute und schöne Zeit, aber besonders in den späteren Jahren auch sehr schwierige Phasen.
Dreieinhalb Jahre nach der Trennung wurden wir schließlich geschieden. Wir haben gemeinsame Kinder und Enkel –
und wir haben unsere gemeinsame Geschichte.

Als Gisela* und ich uns kennenlernten, war das Leben
in der Gemeinde unser ganzes Interesse. Wir hatten und
brauchten keine weiteren Hobbys. Nach unserer Heirat waren wir eine glückliche junge Familie im Gemeindedienst.
Meine Frau war Pastoralassistentin, ich war Pastor. In diesen
Dienst wurde einfach alles einbezogen: unsere Zeit, unsere
Wohnung, unser Auto, unser Urlaub – kurzum: unser ganzes Leben. Als die ersten Kinder noch klein waren, wurden
sie überall hin mitgeschleppt, sodass wir an vielem auch als
Ehepaar noch gemeinsam teilnehmen konnten.

* Namen aus Personenschutzgründen geändert

Übernommen und überfordert

Aber mit zunehmendem Alter und der wachsenden Zahl Kinder ging das nicht mehr. Zu guter Letzt hatten wir uns mit unseren Aufgaben einfach übernommen, ohne es richtig zu merken. Meine Frau war völlig erschöpft und erwartete zu Recht Hilfe von mir; doch ich fühlte mich total überfordert. Statt mich dieser großen Herausforderung zu stellen, tauchte ich immer mehr ab, vor allem in beruflichen Aufgaben. Ich nahm viele Einladungen im In- und Ausland an, erfuhr viel Anerkennung und hatte den Eindruck, ständig Menschen in ihrer Not helfen zu können. Welch ein gewaltiger Gegensatz zum Zusammensein mit meiner fast immer unzufriedenen Ehefrau!

Wenn Gisela und ich einen gemeinsamen Dienst, zum Beispiel in der Eheberatung oder -vorbereitung machen konnten, waren wir das beste Team und harmonierten erstaunlich gut miteinander. Aber sobald wir nur privat zusammen waren, baute sich eine belastende Spannung zwischen uns auf. Unsere Unterschiede, sowohl charakterlich als auch von unseren Interessen her, türmten sich vor uns auf wie riesige Berge, die wir trotz zahlreicher Anläufe nicht überwinden konnten. Es schien uns, als würden wir – außer im »Dienst« für Gott – fast nichts mehr finden, was uns beiden Spaß machen und uns verbinden könnte.

Katastrophentage

Eines Tages kam dann die Katastrophe: Ich wurde aus dem Gemeindedienst unehrenhaft entlassen und wir verloren meinetwegen die Gemeinde, in der wir beide engagiert waren. In vielen Bereichen unseres Lebens standen wir plötzlich vor dem Nichts. Wir gingen gemeinsam zur Ehetherapie, lasen Bücher und trafen uns mit Freunden, sofern sie weiterhin zu uns hielten. Dennoch kamen wir miteinander nicht zurecht, denn jeder sah in dem anderen mindestens den Mitschuldigen, wenn nicht gar den allein Schuldigen für unsere jetzige Lage. Ich fühlte mich von Gisela permanent entwertet und von ihren unerfüllbaren Erwartungen an die Wand gedrückt, war immer noch verbittert und rechtfertigte mein zerstörerisches Handeln mit dieser Verbitterung. Gisela hingegen war die Betrogene und fühlte sich auch so. Außerdem ärgerte es sie maßlos, dass ich mich immer wieder mit ihrem Fehlverhalten für meine Taten rechtfertigte. Und das Schlimmste: In dieser Verbitterung, gepaart mit Ziellosigkeit, glaubte ich, mir weiterhin mein verkehrtes Handeln erlauben zu können. Damit aber zerstörte ich bei Gisela noch den letzten Rest an Hoffnung für unsere Ehe, sodass sie schließlich auszog.

Das Eigenartige war, dass ich die Zeit nach ihrem Auszug als große Befreiung erlebte. Ich konnte endlich wieder durchatmen und spürte den Druck nicht mehr, der mich so lange in Verbitterung gehalten hatte. Glücklicherweise fing ich damals trotz der gefühlten Erleichterung an, regelmäßig unseren Gemeinde-Seelsorger aufzusuchen. Mit seiner Hilfe begann ich allmählich, die erlebte Katastrophe durchzuarbeiten und zu verstehen.

Zunächst einmal aber war jede – vor allem wegen der Kinder ständig notwendige – Begegnung mit meiner Frau für mich äußerst anstrengend. Einer der »neuralgischen Punkte« waren die Finanzen. Wie alles zu teilen beziehungsweise zu trennen war, darüber hatte jeder von uns seine eigene Vorstellung. Jeder hatte auf seine Weise Angst, finanziell nicht überleben zu können. Durch den von Gisela beauftragten Anwalt hatte ich zunächst lediglich den starken Eindruck, über den Tisch gezogen zu werden. Es schien, als würde der gesamte Kuchen für beide Seiten einfach nicht ausreichen.

Ursachenforschung

Ein anderer schwieriger Punkt waren unsere zahlreichen Freunde, die alten und die nicht wenigen neuen. Denn durch die Trennung waren unsere Freundeskreise ja nun auch getrennt, und in jeder Gruppe entstand so etwas wie Parteinahme für uns als Einzelne, auch wenn das keiner von uns so richtig wahrhaben wollte. Das Gleiche geschah auch ansatzweise bei unseren Kindern, obwohl es bei ihnen zum Glück nicht so ausgeprägt war. Dabei war es uns beiden ein großes Anliegen, die Kinder nicht in irgendeiner Weise zu instrumentalisieren, hatten sie doch an der Situation wahrlich schon genug zu leiden!

In der Zwischenzeit war mir ein Buch mit einem ganz eigenartigen Titel in die Hände gefallen: »Liebe dich selbst – und es ist egal, wen du heiratest«. Als ich es zu lesen begann, merkte ich so langsam, dass es in meinem Leben und in meiner Situation nicht um die Fehler meiner Frau ging, sondern um mich selbst und vor allem die Beziehung zu mir selbst. Und ich begriff, dass ich persönlich an der ganzen Entwicklung in unserer Ehe bis hin zum Desaster einen erheblichen Anteil besaß. Diese Erkenntnis entsprach auch den Einsichten, die mir allmählich in der Seelsorge dämmerten.

Gisela und ich fingen an, uns wieder öfter zu treffen, und ich hatte den Eindruck, dass mit jedem Mal unsere Beziehung wieder mehr Nähe bekam und schöner wurde. Irgendwann dachte ich sogar, dass wir beide solch eine ehrliche Nähe entweder schon lange nicht mehr oder überhaupt noch nie erlebt hatten. Was die Finanzen betraf, so schien es, als hätten wir einen gangbaren Weg entdeckt. Ich hatte eine Möglichkeit gefunden, zusätzlich Geld zu verdienen, um Gisela noch besser unterstützen zu können. Und so wuchs in mir die klare Hoffnung, dass unsere Ehe doch wiederhergestellt werden könnte.

Weiterleben mit »Plan B«

Doch Giselas Gedanken gingen in eine völlig andere Richtung. Bei einem unserer Treffen eröffnete sie mir – für mich in diesem Moment völlig unerwartet –, dass sie doch die endgültige Scheidung wolle. Ich konnte das in diesem Augenblick und auch lange Zeit danach überhaupt nicht verstehen, konnte keinen neuerlichen Anlass dafür entdecken, argumentierte und fragte permanent nach – und ich gab Gisela vor allem zu verstehen, dass ich sie nicht verstehen konnte. Aber genau dieses Nicht-verstehen-Können belastete nun in den weiteren Begegnungen unsere Beziehung, die sich seit kurzem so positiv entwickelt hatte, wieder von neuem.

Erst ein weiteres halbes Jahr später trat bei mir die Wende ein: Mitten in Montenegro sah ich bei Freunden den Film »Elisabeth-Town«. Als zum Schluss die Hauptfigur die Entscheidung zwischen dem bis dahin eisern festgehaltenen »Plan A« und dem neuen, durch den ganzen Filmverlauf vorbereiteten »Plan B« treffen musste, ging mir ein Gedanke durch und durch: »Akzeptiere Giselas Entscheidung und lass ›Plan A‹ fallen!«

Von da an unterstützte ich sie und wir bereiteten die Scheidung gemeinsam und einvernehmlich vor: Wir hatten

ein offizielles Mediationsgespräch, wir beantragten den Ver-
sorgungsausgleich, wir ließen unser Haus schätzen und ich
kaufte meiner Frau ihren Anteil ab. Und: Wir trafen beide den
Entschluss, trotz Scheidung Freunde zu bleiben und deshalb
auch dem anderen nichts Böses zu unterstellen. Natürlich gab
es Tausende von Kleinigkeiten, die dabei irritierten und auf
der einen wie auf der anderen Seite den Eindruck erwecken
konnten, jetzt doch benachteiligt zu werden. Und so war es
immer wieder nötig, loszulassen und den festen Entschluss
durchzuhalten, im Guten miteinander auskommen zu wollen.

Unsere Beziehung wurde tatsächlich wieder viel besser,
vor allem entkrampfter. Mir wurde vor allem sehr wichtig,
Gisela nicht als die »Scheidungstreiberin« und die »Unver-
söhnliche« erscheinen zu lassen. Denn Fakt blieb: Unsere
Ehe war gescheitert. Und deshalb ließen wir uns scheiden. Natürlich haben das nicht alle Freunde und auch nicht
alle Familienangehörigen verstehen können, weshalb einige
Gisela in dieser Zeit sehr zugesetzt und sie unter Druck gebracht haben.

Es geht weiter, nur anders

Es mag paradox klingen: Obwohl ich bis zu jenem Film-
abend in Montenegro an der Hoffnung festhielt, dass unsere
Ehe wiederhergestellt würde, versuchte ich nun, Gisela vor
den vermeintlich »christlich-biblischen« Anschuldigungen in
Schutz zu nehmen, indem ich ihr Recht auf eine Scheidung
verteidigte. Nur dadurch entwickelt sich seither zwischen
ihr und mir eine neue Beziehung, die sich trotz des enor-
men Ballasts der Vergangenheit daran erfreut, dass es uns
gegenseitig gibt, dass wir auf eine gemeinsame Geschichte

zurückblicken und dass wir miteinander tolle Kinder und süße Enkel haben.

Wir sind nach wie vor in der gleichen Gemeinde und begegnen uns dort regelmäßig. Übrigens: Wenige Tage vor dem Scheidungstermin habe ich zum ersten Mal in unserer Gemeinde gepredigt – vor den Ohren von Gisela, die selbst nicht wenig Verantwortung in der Gemeinde trägt und den Ältesten »den Tipp« gegeben hatte. Die Ältestenschaft, die unsere Gemeinde leitet, hat über unsere eheliche Situation ganz offen und in unser beider Anwesenheit mit der Gemeinde gesprochen, sodass wir uns nicht nur gegenseitig als versöhnte Geschiedene betrachten, sondern auch von den anderen also solche akzeptiert und respektiert werden.

Natürlich ist all das noch immer im Wachstum. Wir merken selbst, dass wir nicht einfach über jedes Thema unverkrampft und locker reden können. Dafür ist mancher Schmerz noch zu frisch, sodass die Gefahr besteht, dass die gerade geheilte Wunde wieder aufbricht. Aber wir haben ein Gespür dafür entwickelt, in solch einem Fall die Signale aufzunehmen und in diese entsprechende Richtung nicht weiterzugehen. Es gibt genug Gesprächsstoff, der nicht über so viel Sprengstoff verfügt. Wir leben heute anders, als wir es einmal vorhatten. Aber Gott segnet auch einen Plan B, wenn er ihm anvertraut wird!

Der Autor dieses Beitrags möchte anonym bleiben, Namen wurden daher geändert.

Wunderbar unkalkulierbar

Mit dem Scheitern ihrer Ehe war mit einem Schlag auch der Traum vom eigenen Haus ausgeträumt. Doch dann kam alles ganz anders, denn Inge Frantzen entschied sich für einen ungewöhnlichen Weg.

Von Inge Frantzen

»Und was ist, wenn eine von euch doch noch (mal) heiratet?« Diese Frage bekam ich oft als Erstes von Bekannten gestellt, wenn sie hörten, dass ich mit einer engen Freundin ein Haus gekauft hatte, in dem jede von uns eine eigene Wohnung beziehen würde. Die wenigsten hörten sich überhaupt erst einmal meine Vision für meine Zukunft an oder fragten nach, was mich eigentlich zu einem solchen Schritt bewogen hatte. Stattdessen malten sie mir die düstersten Szenarien vor Augen, die mich erwarten konnten: Wie wir alles mühevoll würden aufteilen müssen, wenn für einen von uns ganz plötzlich »doch noch« oder »noch mal« der Traumprinz auftauchen würde; dass es ein unkalkulierbares Risiko sei, das wir eingehen würden; und dass die ganze Sache ja auch schiefgehen könnte. Ich wurde gefragt, ob ich mir das auch wirklich gut überlegt hätte – und was würde überhaupt werden, wenn wir Streit bekämen?

Es traf mich, dass scheinbar so wenige im Stande waren, sich einfach nur mit mir darüber zu freuen, dass mein Traum vom eigenen Häuschen nun doch noch wahr werden würde. Was glaubten denn eigentlich alle, wie naiv und blauäugig ich an dieses Projekt herangegangen war? Ich hatte doch nicht einfach mal eben spontan und unüberlegt ein Haus gekauft, sondern diese Entscheidung war das Ergebnis eines langen Prozesses, und ihr waren viele kleinere Entscheidungen für einen bestimmten Lebensstil vorausgegangen.

Als ich vor 20 Jahren heiratete, hatte mich niemand darauf hingewiesen, dass ich ein unkalkulierbares Risiko eingehe, niemand hatte mich gefragt, ob ich mir das auch gut überlegt hätte und schon gar niemand wagte zu fragen: »Und was, wenn es schiefgeht?« Heute befinde ich mich in der Lebensmitte, habe durch Trennung und Scheidung eine Menge an Lebenserfahrung gewonnen, bin reifer geworden und glaube ziemlich genau zu wissen, was ich mit meinem Leben möchte. Und plötzlich finde ich mich all diesen Fragen gegenüber … irgendwie merkwürdig!

Sehnsucht nach Gemeinschaft

Nachdem meine Ehe nach nur vier Jahren gescheitert war, ich die ersten Brocken sortiert hatte und ins Rhein-Main-Gebiet gezogen war, wusste ich sehr schnell, dass ich auf keinen Fall auf Dauer alleine leben wollte. Eine neue Partnerschaft hingegen konnte ich mir zu diesem Zeitpunkt auch (noch) nicht vorstellen. Vieles war durch die Trennung aufgebrochen, das es erst einmal anzuschauen und aufzuarbeiten galt. Ich wollte und brauchte viel Zeit für mich, doch gleichzeitig gab es in mir auch einen großen Wunsch nach Gemeinschaft und Nähe. Wie ließen sich diese beiden Bedürfnisse wohl zusammenbringen? Eine WG mit gemeinsamer Küche und Wohnzimmer war mir zu eng, eine eigene

Wohnung zu groß und zu leer und eine neue Partnerschaft nicht in Sicht – sollte es das mit Anfang 30 also gewesen sein? Es musste doch noch andere Möglichkeiten geben, das Leben zu gestalten! Und vor allem musste es doch noch mehr Leute geben, die wie ich auf der Suche nach alternativen Lebensformen waren …

Es gab sie dann auch tatsächlich, diese Leute, die bereit waren, ihr Leben miteinander zu teilen – als Familien, kinderlose Ehepaare, Alleinerziehende und Singles. Sie wohnten in mehreren nebeneinander stehenden Häusern, die durch einen gemeinsamen Hof verbunden waren. Drei Ehepaare hatten den Komplex als Eigentümergemeinschaft gekauft und zogen als erste ein. Dann vermieteten sie nach und nach die restlichen Wohnungen und heraus kam eine interessante Mischung von Leuten aus verschiedensten Hintergründen, die in den unterschiedlichsten Lebenssituationen steckten. Jeder wohnte in seiner eigenen Wohnung und konnte seine Tür je nach Bedarf auf- oder zumachen. Und gleichzeitig gab es zahlreiche gemeinschaftliche Angebote, wie zum Beispiel das sogenannte »Hoffrühstück«, das an jedem Samstag, an dem das Wetter mitspielte, stattfand. Man traf sich ab einer bestimmten Uhrzeit zum gemeinsamen Frühstück im Hof und jeder brachte selbst mit, was er zum Glücklichsein brauchte. Es gab keine Listen, keine Absprachen, keine An- und Abmeldung. Wir stellten einfach ein paar Bierzeltgarnituren auf und fertig. Mehr als einmal kam es vor, dass wir nachmittags um drei immer noch mit ein paar Leuten draußen saßen, in ernste oder auch witzige Gespräche vertieft waren oder einfach die Gemeinschaft genossen. Das Schöne daran war, dass man jederzeit die Freiheit hatte, nicht zu erscheinen. Niemand war zu irgendwas verpflichtet, sondern das gemeinschaftliche Leben war lediglich ein Angebot. Keiner musste allein sei, aber jeder konnte – für Singles wie Nichtsingles eine tolle Möglichkeit des gemeinsamen Lebens!

Das Leben teilen

Vermutlich würde ich immer noch dort wohnen, hätte ich nicht Gisela kennengelernt – besagte Freundin, mit der ich inzwischen ein Haus gekauft habe. Zwischen uns hat sich innerhalb kurzer Zeit eine enge Beziehung entwickelt und wir führen nun im Kleinen fort, was ich mit einem Pulk von Leuten bereits ausprobiert hatte. Gemeinsam leben wir in »unserem« Haus, aber jede hat ihre eigene Wohnung, wo sie die Tür je nach Bedarf auf- oder zumachen kann. Auch wir treffen uns zu gemeinsamen Mahlzeiten, zu denen manchmal eine von uns mitbringen muss, was sie zum Glücklichsein braucht, denn wir haben recht unterschiedliche Vorlieben. Überhaupt sind wir sehr verschieden, was jeder Besucher unschwer allein schon an unserer Wohnungseinrichtung erkennen kann.

Dennoch sind wir uns – bei aller Unterschiedlichkeit – in einem einig: Wir wollen, sofern das in unserer Macht steht, nicht alleine alt werden, sondern unser Leben mit anderen teilen. Ob uns das miteinander dauerhaft gelingt, haben wir letztlich sowieso nicht wirklich in der Hand. Wir wissen nicht, wie sich unser beider Leben in den nächsten Jahren entwickeln wird – aber wissen das Verheiratete? Natürlich kann es Krach geben zwischen uns, und ja, wir sind uns durchaus bewusst, dass es auch zu unüberbrückbaren Differenzen zwischen uns kommen und das ganze »Projekt« schiefgehen kann. Aber auch da stehen uns Ehepaare ja in nichts nach, wie uns die hohen Scheidungsraten und anschließenden Hausversteigerungen wissen lassen. Leben ist einfach in vielen Bereichen nicht planbar und schon gar nicht risikolos, sondern, um es mit Erich Kästner zu sagen, »immer lebensgefährlich«.

Zwischen Ergänzung und Herausforderung

Haben Verheiratete wirklich mehr Dinge »in trockenen Tüchern« als Singles? Wie viele haben schon gedacht, den Menschen gefunden zu haben, der für immer bei ihnen bleibt, und dann entwickelte sich doch plötzlich alles ganz anders. Trennung, aber auch eine schwere Krankheit oder die Arbeitslosigkeit eines Partners können zu Herausforderungen werden, die das gemeinsame Leben bedrohen. Mein Leben mit einem anderen Menschen zu teilen – völlig egal, ob Ehepartner oder »nur« Freund –, mich auf ihn einzulassen und nicht gleich zu kneifen, wenn es mal schwierig wird, ist zunächst eine reine Willensentscheidung. Ob ich diese Entscheidung jahrelang durchhalten kann, steht für mich auf einem ganz anderen Blatt und hängt von vielen unterschiedlichen Faktoren ab, die ich nicht alle beeinflussen kann.

Das gemeinsame Leben mit Gisela ist eine große Herausforderung für mich (und sicher auch für sie), die ich um nichts in der Welt mehr missen möchte. Ich habe gelernt (und lerne immer noch), mit Menschen umzugehen, die ganz anders sind als ich. Und ich lerne, diese Andersartigkeit mehr und mehr als Bereicherung und Ergänzung sehen zu können. Die Stärken des anderen zu genießen und von ihnen zu profitieren und sich gleichzeitig von den Schwächen herausfordern zu lassen und sie mit einem Lächeln auf den Lippen zu ertragen – all das erlebe ich als großes Geschenk. »Und was ist, wenn eine von euch doch noch (mal) heiratet?« ... Das überlegen wir uns dann, wenn es soweit ist. Doch bis dahin möchte ich nichts von dem Leben verpassen, das gerade läuft.

Inge Frantzen, Jahrgang 1964, arbeitet als Sekretärin und freiberufliche Autorin. Als christliche Beraterin ist sie viel und gern mit unterschiedlichen Menschen unterwegs und liebt es, mit ihnen ihre Lebensgeschichten zu teilen. Sie ist Hauptinitiatorin der Arbeit »Christ und Single.de« und meist als zufriedene Single-Frau unterwegs.

Shoppen

Warum Olaf Schmidt sich auf die Reise durch Internet-Partnerbörsen machte und heute die Liebe wieder auf konventionellem Weg sucht.

Von Olaf Schmidt

»So verliebt man sich heute!« Wann immer mir dieser Slogan einer bekannten Internet-Partnerbörse aus der rechteckigen Kiste in meinem Wohnzimmer entgegenflimmert, führt mein Kopf wie von selbst eine Rechts-links-Bewegung aus. Ich komme einfach nicht darüber weg, in was für Zeiten wir leben (okay, vielleicht bin ich in diesem Punkt einfach ein bisschen altmodisch)! Aber was das Verlieben via Internet betrifft, bin ich ein gebranntes Kind.

»Neuzeitlicher Fleischbeschau«

Meine ganz persönliche Online-Odyssee begann vor einigen Jahren. Zu Anfang war es die blanke Neugier. Ich wollte einfach wissen, wie es ist, jemanden über diesen Weg kennenzulernen. Und so schloss ich mich (obwohl ich allein wohne!) in meinem Homeoffice ein und stellte im Halbdunkel mein erstes Profil auf einer der bekannten christlichen Singleplattformen ins Netz (Nein, Moment! Genaugenommen stimmt das nicht so ganz. Wenn ich mich recht entsinne, lautete der Profiltext meiner ersten Anzeige: »Gut aussehenden, tollen Bruder (28/181/80) umständehalber in nette Hände abzugeben« oder so ähnlich – aber das ist eine andere Geschichte …).

Soweit war es mit mir also gekommen: Ich tat das Undenkbare! Denn bis dahin waren Themen wie Blind-Dates, Kontaktanzeigen, Singlefreizeiten und ähnliche Peinlichkeiten ein absolutes Tabuthema für mich. Und es war noch gar nicht lange her, dass ich derlei Verzweiflungstaten mit der dazugehörigen Portion Spott als »neuzeitlich organisierten Fleischbeschau« betitelt hatte.

Wie aber um alles in der Welt war ich hier gelandet? Eigentlich waren die konventionellen Methoden, jemanden kennenzulernen, bis dahin immer mehr oder weniger erfolgreich gewesen. Doch weil mit den Jahren bekanntermaßen nicht nur die Brusthaare, sondern auch die Ansprüche wachsen, fand ich mich irgendwann an einem Punkt wieder, an dem ich nicht mehr bereit war, viele Kompromisse einzugehen oder mich in teenagerhafter Unbefangenheit in ein Abenteuer zu stürzen. Erschwerend kam hinzu, dass irgendwie niemand mehr auf dem »Markt« zu finden war. Gemeinde und Bekanntenkreis schienen wie leergefegt und aus heiterem Himmel war ich plötzlich nur noch von Paaren umgeben, die versuchten, mich an die Frau zu bringen (»Hör mal, ich kenne da jemanden aus meiner alten Gemeinde. Ich könnte mir vorstellen, dass ihr gut zusammen passt … blablabla!«). Jedes Mal, wenn ich zu Besuch in meiner alten Heimat war, sprangen irgendwo neue Kinder jener Frauen herum, denen ich noch vor wenigen Jahren nachts heimlich Blumen unter den Scheibenwischer geklemmt hatte. Oder aber ich traf eine Frau, die ich toll fand, und noch bevor ich meine Schokoladenseite präsentieren konnte, fiel der Satz: »Ach ja, darf ich dir meinen Mann vorstellen?«

Zwischen Phantasie und Wirklichkeit

Derart weichgekocht und mittlerweile über 30, warf ich schlussendlich meine jahrelang gehegten Bedenken bezüglich Kontaktanzeigen über Bord. Und was passierte? Nachdem die erste Hürde genommen war, fing es zu meinem eigenen Erstaunen sogar an, mir zu gefallen. Schnell hatte ich die Vorzüge entdeckt: Wie bequem war es doch, das Objekt meiner Begierde quasi mühelos abzuchecken, noch bevor ich den Button »Angebot verbindlich abgeben« klickte. Wieso auch nicht? Klappt bei E-Bay, warum also nicht bei der Partnersuche? Gesagt, getan, ausgefeilte Personenbeschreibung ausgedacht, Profil ins Netz gestellt – und abgewartet.

Alle weiteren Schritte jedoch entpuppten sich als wesentlich schwieriger. Beginnen wir mit der Kontaktaufnahme: Was schreibt man einem Menschen, den man praktisch nicht kennt? Denn abgesehen von den Dingen, die das Gegenüber in seinem Profil von sich preisgibt (und seien wir ehrlich: Jeder malt sich schöner, als er ist), hat man keine Anhaltspunkte. Kein Wunder also, dass die ersten Kontaktversuche – na ja, sagen wir mal – »bunt« waren. Sie reichten von einem saloppen »Na, wie geht's denn so?«, über ein wohlüberlegtes Anschreiben, das ich sorgfältig auf Basis der im Profil gewonnenen Informationen formuliert hatte, bis hin zu einem dämlichen »Bist du schon lange hier?« (eine Frage, für die man sich Sekundenbruchteile, nachdem man den Absende-Button geklickt hat, mit der Hand vor die Stirn schlägt!). Und auch Komplimente zu hübschen Augen, einem bezaubernden Lächeln oder das Versenden virtueller Blumensträuße wurden nicht immer positiv aufgenommen. Schaffte man es allerdings, diese Anfängerfehler zu umschiffen, und die Frau, die einem gefiel, im Gegenzug auch für sich zu interessieren, gestaltete sich der darauffolgende E-Mail-Kontakt und auch das erste Telefonat meist ungezwungen.

Doch der schwierigste Teil sollte erst noch kommen: der ultimative Realitäts-Check! Was daran so problematisch ist, möchte ich anhand eines Beispiels erläutern: Ich denke dabei an den frustrierten Brief einer Frau, über den ich in einem der Singleforen gestolpert bin. Sie hatte sich vor kurzem mit einem Mann getroffen, mit dem sie seit über einem halben Jahr in regelmäßigem E-Mail- und Telefonkontakt stand. Sie erzählte, dass sie sich in ihn verliebt hatte, obwohl sie sich noch nie gesehen hatten. Doch nachdem es zu einem ersten Treffen gekommen war, riss der Kontakt zwischen den beiden abrupt ab. Der Mann hatte sich mit der Begründung zurückgezogen, dass er sich alles ganz anders vorgestellt habe, und die junge Frau war am Boden zerstört.

Ganz ähnlich ist es auch mir einige Male ergangen, nur, dass ich mit einem weniger großen emotionalen Schaden davongekommen bin. Ich habe lange darüber nachgegrübelt, warum eigentlich so gut wie alle Treffen mit demselben flauen Gefühl endeten und ich sowohl von meinem Gegenüber als auch von mir selbst enttäuscht war. Die Antwort ist simpel: In der Zeit zwischen all den E-Mails und Telefonaten projizieren wir automatisch unsere ganzen Hoffnungen und Wünsche auf die betreffende Person. Und obwohl wir wissen, dass unsere Informationen über den anderen unvollständig sind, sind wir enttäuscht, wenn dann die reale Person nicht mit dem perfekten Bild übereinstimmt, das wir uns in unserer Phantasie von ihr gemalt haben. Denn was den Charme einer Person wirklich ausmacht – angefangen bei

der Stimme, der Körpersprache oder einem simplen Augen-
aufschlag – das kann kein E-Mail, kein Foto und auch kein
Telefonat vermitteln.

Shoppen

Ein Stolperstein der ganz anderen Art, entpuppte sich erst
im Laufe der Zeit: die sich einschleichende »Shopping-
Mentalität«. Nach einigen Treffen, die – wie bereits erwähnt –
allesamt in einer mittleren Katastrophe endeten, ertappte ich
mich doch tatsächlich dabei, wie ich gezielt und mit einem
klar umrissenen »Beuteschema« auf die Suche ging. Ist ja
auch praktisch: Man gibt in die Suchmaske die gewünschten
Eckdaten ein und lässt sich die passenden »Kandidatinnen«
anzeigen. Ist schon eine tolle Sache, wenn man liest: »Sie haben 547 Treffer.« Leider sind davon in der Regel 200 ohne
Bild und von den verbleibenden 347 potenziellen Ehe-
frauen will auch kaum eine so richtig passen: Kandidatin 1
wohnt zu weit weg (Fernbeziehung, nein danke!); Kandidatin 2 mag keine Hunde (Was?); Kandidatin 3 ist 1,80 Meter
groß und stört sich daran, dass sie zu mir (1,81 m) nicht auf-
schauen kann; Kandidatin 4 treibt gern und viel Sport (Ich
besitze nicht mal Turnschuhe …); Kandidatin 5 hat keinen
Fernseher und steht auf vegetarisches Essen (Ich liebe Thril-
ler und hasse Zucchini!), Kandidatin 6 will unbedingt in
die Mission nach Timbuktu (Ich habe Angst vor Spinnen),
Kandidatin 7 ist Adventistin und macht das Halten des Sab-
bats zum entscheidenden Kriterium (Hä? Ich dachte, wir
leben im Neuen Testament!) … Kurzum: Am Ende blieben
genau null Treffer!

Zurück ins echte Leben

Also habe ich vor einigen Monaten kurzentschlossen sämtliche meiner Dating-Profile gelöscht. Ich will einfach nicht mehr. Will keinen Abend mehr vor dem PC verbringen, um ein Angebot unter Hunderten abzugeben. Will keine innere Liste mehr führen, die es abzuhaken gilt. Will nicht immer wieder von neuem hoffen, nur um dann die Enttäuschung in den Augen der Frau oder meinen eigenen zu sehen.

Schlimm genug, dass ich mich, obwohl ich Christ bin und auch in Partnerfragen eigentlich auf Gott vertrauen will, so lange Zeit von unserer egoistischen Multi-Options-Gesellschaft (»Wenn dir eine Nase nicht passt, suchst du dir eben eine andere!«) und dem gängigen Zeitgeist (»Du bist die wichtigste Person in deinem Leben«) habe beeindrucken lassen. Ganz zu schweigen davon, dass ich trotz alldem meinem Ziel, die Frau fürs Leben zu finden, nicht einen Schritt näher gekommen bin.

Darum lautet mein Fazit: Die Partnersuche per Internet mag für den ein oder anderen funktionieren (hört man doch hin und wieder von einer glücklichen Verbindung, die daraus hervorgegangen sein soll ...), aber für mich ist der Weg hier zu Ende.

Stattdessen habe ich beschlossen, mich wieder »ins echte Leben zurückzuziehen«. Selbst auf die Gefahr hin, dass ich es auch in Zukunft wieder versäume, die Aufmerksamkeit meiner Angebeteten auf mich zu lenken, weshalb sie bei unserem nächsten Treffen Arm in Arm mit ihrem neuen Freund durch die Tür schreitet. Denn an eins glaube ich immer noch fest: Auch im dritten Jahrtausend verlieben Menschen sich auf dieselbe Weise wie seit eh und je: nämlich von Angesicht zu Angesicht – und nicht über ein Kupferkabel in der Wand.

Olaf Schmidt, Jahrgang 1973, vermeidet Tomatensalat und Zucchini, ist darüber hinaus aber recht pflegeleicht. Und wie fast alle Männer hasst er keine Frauenfrage mehr als diese: »Was denkst du gerade?«

... und Gott schweigt!

Wie geht man damit um, wenn die Gebete für einen Ehepartner über Jahre unerhört bleiben? Warum Barbara Ruth Schatzmann allen Gefühlen zum Trotz Gott immer noch vertraut.

Von Barbara Ruth Schatzmann

Ein Viertel Jahrhundert. So lange liege ich Gott in den Ohren um einen Ehemann. Diese Gebete gehören in die Kategorie »bis dato unbeantwortet«. Und nun soll ich etwas schreiben darüber! Ob ich irgendeinen Rat hätte und ob man das »im Griff« haben könnte. Nun ja, hab ich nicht. Es ist eine einzige Wegstrecke voller Schmerz und Zerbruch, unerfüllter Hoffnungen und Wünsche, voller unbeantworteter Gebete und Gottes Schweigen.

Was ich gelernt habe, sind zwei Dinge. Erstens: Man kann vieles aushalten. Selbst dann noch, wenn man meint, dass man es nicht mehr aushalten kann. Und zweitens: Es gibt keine Antworten, keine Patentrezepte, kein »Wenn-du-es-so-machst-kommt-es-richtig«. Dennoch denken das viele, weshalb eins immer unausgesprochen im Raum steht: »Etwas kann mit der doch nicht stimmen, dass die immer noch alleine ist!«

»Magische Worte« und andere Ratschläge

Ich habe festgestellt, dass die christliche Gemeinde überfordert ist, wenn es um Singles geht. Für viele Singles ist die

Gemeinde in dieser Hinsicht kein Ort der Sicherheit. Hier werden Ehe und Familie zelebriert, und das ist gut. Ausgeblendet aber werden alle, die weder das eine noch das andere haben. Um meinen Eindruck zu vervollständigen: Ich denke, dass kinderlose Ehepaare in der Gemeinde einem ähnlichen Problem gegenüberstehen.

Was ich schon alles an Ratschlägen gehört habe! Dabei laufen sich folgende Aussagen gegenseitig den Rang ab: »Du hast zu hohe Ansprüche« und »Du oder er bist/ist noch nicht bereit für eine Beziehung«. Dazu kommt natürlich auch eines der meist missbrauchten Zitate aus der Bibel: »Trachte zuerst nach dem Reiche des Herrn und seiner Gerechtigkeit. Und alles andere wird dir zugetan werden.« Sehr frei übersetzt: »Wenn du fromm genug bist, wird dir Gott auch einen Ehemann schenken.« Dass Jesus in diesem Abschnitt von Kleidung, Nahrung und einem Dach über dem Kopf sprach, ist vielen nicht klar. Aber die Botschaft, dass ich nicht geistlich genug bin und wahrscheinlich noch zu stark meinen eigenen Interessen statt seinem Königreich hinterhereile, ist angekommen.

Die Absicht hinter solchen Aussagen scheint mir klar: Wir Menschen haben, wenn wir Schmerz und Leid gegenüberstehen, das Bedürfnis, diese zum Verschwinden zu bringen. Wir suchen nach den »magischen Worten«, damit es unserem Gegenüber wieder gut geht. Ich gehöre auch dazu. Aber aufgrund meiner eigenen Situation habe ich gelernt, dass es diese magischen Worte aus dem Munde von Menschen nicht gibt. Oft wird eher das Gegenteil erreicht: Der leidenden Person wird das Recht abgesprochen, Schmerz zu empfinden. Unsere Wohlfühlgesellschaft prägt immer stärker Denken und Handeln auch in den Gemeinden. Wir versuchen nicht, mit der Person auszuhalten, sondern alles wieder so erträglich wie möglich zu machen und Schmerz und Leid aus unserem Leben zu entfernen.

Doch soweit ich es sehe, liegt uns kein Versprechen seitens Jesus vor, dass wir als seine Nachfolger dem Schmerz nicht mehr begegnen werden. Er hat uns nicht gesagt, dass wir glücklich sein werden. Auch nicht, dass unsere Wünsche erfüllt werden. Oder dass wir gesund sind. Er hat uns versprochen, bis an das Ende der Welt bei uns zu sein. Mehr nicht.

Das Mehr-Glauben-Prinzip

Dennoch höre ich oft, dass ich nur mehr glauben muss. Ganz einfach, nicht? Wenn dem so ist, könnte mir jemand bitte diesen Glaubensknopf zeigen! Denn als gewissenhafte Schweizerin möchte ich auch im Glauben Qualität und Quantität steigern. Das Mehr-Glauben-Prinzip wird über alles gestülpt: Über Krankheit, Ehelosigkeit, Kinderlosigkeit, Depression, Arbeitslosigkeit, Zerbruch von Ehen und Familien und anderes. Rückübersetzt heißt das: »Du bist selbst schuld, dass du ehelos, kinderlos, krank, depressiv oder sonst was bist. Wenn du im Glauben nur alles im Griff hättest, dann wäre dem nicht so!« Vielleicht stimmt manches sogar. Aber wozu bräuchte ich dann noch einen Erlöser-Gott?

Es war immer mein Wunsch, verheiratet zu sein und wenn möglich Kinder zu haben. Dafür bete ich seit über 25 Jahren. Und ich bete immer noch. Ich bin eine ganz normale Frau, durchschnittlich im Aussehen, weder besonders schön noch abnormal hässlich. Meine Seele ist gesund, ich habe ein gutes Selbstbewusstsein und bin eigenständig. Allerdings ist das nicht immer gut als Frau in christlichen

Kreisen. Doch wenn man mehrere Jahrzehnte alleine ist, dann lernt man Selbstständigkeit oder man geht unter. Beispielsweise kann ich mich folgenden Problemen alleine stellen und sie meist auch lösen: Installieren von neuer Software auf meinem Laptop; Bedienen neuer technischer Spielzeuge wie Navigationsgeräte oder anderer komplexer Lebensnotwendigkeiten; Rad-, Öl- und Scheibenwasserwechsel; Buchen und Verbringen von Ferien; Einkaufen von Computern, Kleidern, Lebensmitteln und Autos; Kampf mit Amtsstellen und Bürokraten sowie das Montieren von Schneeketten. Meine Flexibilität ist bemerkenswert. Und trotzdem: Ich sehne mich nach einem Partner, mit dem ich das Leben und all seine Kleinigkeiten teilen darf.

Trotz allem weitergehen

Es ist eine konstante, unausweichliche Herausforderung, im Herzen nicht zynisch und bitter zu werden. Es ist manchmal eine tägliche Entscheidung, verletzbar zu bleiben, mich nicht zu verschließen und keine Mauern aufzubauen. Den Weg mit Jesus weiterzugehen, auch wenn er meine Gebete nicht beantwortet und zu all dem, was mich beschäftigt und mir weh tut, zu schweigen scheint. Mein Leben ist nicht geprägt von Triumph und geistlichen Siegen, es scheint mir eher, dass ich immer und immer wieder zerbreche und mir der Schmerz manchmal fast die Sinne raubt. Bisher ist es mir nicht gelungen, eine Formel zu entwickeln, die ich hier weitergeben könnte. Ich kann auch nicht sagen, dass Gott »durchgebrochen« wäre in meinem Leben. Mein Leben unterscheidet sich nicht groß von einer Person, die Jesus nicht nachfolgt. Ich arbeite, gehe dem einen oder anderen Hobby nach, treffe mich mit Freunden und ernähre mich gesund. Was man nicht sieht oder hört, sind meine Gespräche mit Jesus.

Die letzten Jahre waren herausfordernd. Von vielen Seiten her sind die Probleme auf mich eingestürzt. Um mich herum dasselbe Bild im Leben von Verwandten und Freunden. Meine Verzweiflung über all die Situationen, die andere und ich nicht im Griff haben, wuchs. Situationen, die mich überforderten, enorm herausforderten und mir das Herz brachen. Es schien, als ob meine Schreie zu Gott ungehört im All verklangen (ja, sie waren laut …).

Gott schwieg. Oder vielleicht war es auch andersherum: Ich konnte ihn nicht hören. Es war sehr, sehr schwierig. Ich war enttäuscht, verletzt und verstört. Wie konnte Gott nur? Wie konnte er nur nicht? Warum schweigt er? Wie nur soll ich das aushalten? Ertragen? Warum immer wieder solche Situationen in meinem Leben und in den Leben der Menschen um mich, die ich liebe? Und was ist mit »den anderen«, in deren Leben alles so wunderbar, perfekt und schön ist? Ich hatte schon immer eine Tendenz zur Dramatik!

Falsche Bilder

Es ist mein Herzenswunsch und Gebet, Gott immer mehr zu kennen. Besser, tiefer. Mehr von ihm zu begreifen. Aber ich verstand ihn gar nicht mehr! Alles, was ich gelernt und gelesen hatte, schien falsch. Und plötzlich dämmerte es mir: Vieles war falsch – falsch belichtet! Gott ist gütig, er ist treu und er liebt uns. Er beschenkt uns. Er hilft uns. Er heilt uns. Er trägt uns. Er sieht uns. Das ist ein Teil von Gott, ein Teil dieser endlosen, wunderschönen Facetten von ihm. Ein Teil, der greifbarer ist als viele andere. Darum klammern wir uns daran. Wir lehren darüber, zeigen darauf und erfreuen uns. Aber Gott ist mehr. Viel mehr. Und das Meiste davon begreifen wir nicht. Macht keinen Sinn und ist nicht fassbar. Es hat nichts damit zu tun, dass er etwa gleichzeitig auch »gemein« oder »hinterhältig« wäre – denn das ist er nicht! Mit keiner Faser seines Seins. Wir Menschen sind lediglich nicht in der Lage, die meisten Seiten von Gott zu fassen oder gar zu begreifen. Er ist Gott und wir nicht. Er versteht uns, wir ihn aber nicht. Oft nicht. Er ist ein großes Mysterium, ein Wesen so anders als alles, was wir kennen. Unbegreiflich. Unfassbar. Er lässt sich nicht in eine Kiste stecken, die ich dann anschreiben kann mit »Gott« und hervorhole, wann es mir passt.

Gott ist ganz anders

Vielmehr beantwortet er mein Gebet nach mehr von ihm wieder einmal so, wie ich es nie erwartet hätte. Er lässt mich mehr von sich sehen. Und was ich sehe, erstaunt mich und macht hungrig und durstig nach mehr. Er ist kein Weihnachtsmann, alt und nett und leicht zu manipulieren. Er ist kein distanzierter Gott, den es nicht kümmert, wie es uns geht. Er ist nahe, sehr nahe. Er leidet mit mir, er freut sich mit mir und er lebt mit mir. Er hat einen Plan für mein Leben und diesen führt er mit meinem Einverständnis aus. Etwas Besseres gibt es nicht. Vielleicht werde ich eines Tages heiraten. Vielleicht nicht. Vielleicht werde ich Durchbruch um Durchbruch erleben und oben auf der Welle reiten. Vielleicht nicht.

Ich bin ganz ehrlich: Wenn ich für den Rest meines Lebens Single bleiben sollte, dann weiß ich echt nicht, wie ich das aushalten soll. Ob ich das schaffe. Ich weiß nur eins: dass ich keinem anderen Gott nachfolgen kann! Denn das Leben mit ihm ist das größte Abenteuer, das wir erleben können. Je mehr ich von ihm kenne und sehe, umso mehr versinke ich in ihm wie in einem tobenden Meer. Und ich möchte nicht mehr auftauchen. Denn jedes Mal, wenn ich meine, ihn erfasst zu haben, tritt er ins Licht. Und wenn ich meine, seine Stimme zu kennen, öffnet er meine Ohren. Es ist wie ein Versuch, jeden einzelnen Stern in einer wolkenlosen Nacht zu kennen. Aber seine Tiefe und Unermesslichkeit lassen mich weiter hinter ihm her rennen.

Barbara Ruth Schatzmann, Jahrgang 1967, arbeitet in einer Führungsposition in einem großen Unternehmen und mag ihre Arbeit sehr. Auch am Montagmorgen und während der Budgetphase. Königreich Gottes in der Arbeitswelt – was für ein Privileg!

Winterseele – Frühlingsherz

»Bis dass der Tod euch scheidet« – einst war das auch
Christina Bruderecks Traum. Als er zerbrach, zog der Winter
in ihre Seele ein. Doch nicht für immer.

Von Christina Brudereck

Ich friere innerlich. Meine Seele hat Spätherbst. Die Kälte
hat sich eingenistet und mich starr gemacht. Wer mich
umarmen will, bekommt die kalte Schulter gezeigt. Ich
weiß, ich wirke autark, arrogant, stark. Die Wahrheit ist: Ich
bin zutiefst verunsichert, todtraurig über mich selbst, fühle
mich innerlich wie vereist.

> *Weil du nicht da bist, sitze ich und schreibe*
> *hier meine Einsamkeit auf dies Papier.*
> *Ein Fliederzweig schlägt an die Fensterscheibe,*
> *der Frühling ruft, doch nicht nach mir.*
> (»Weil du nicht da bist« von Mascha Kaleko)

Mascha Kaleko, eine meiner Lieblings-Lyrikerinnen beschreibt es gut. Herbstwintergrau fühlt sich die Seele an. Ein
ausgiebiger Winterschlaf wäre schön. Für ein paar Monate
wenigstens einschlafen und nicht mehr aufstehen müssen.
Nicht morgens in einem viel zu leeren Bett wach werden. Mich nicht aufraffen müssen, der Welt zu beweisen, dass
es »schon geht«, irgendwie weitergeht, dass ich überleben
werde.

Eisige Kälte. Das beschreibt für mich das Erleben dieser Zeit. Ich friere viel. Hülle mich in dicke Wolle. Mein Weg war so glatt, jetzt bin ich ausgerutscht. Ich habe es nicht kommen sehen, bin überrascht, geschockt, irritiert. Die Hoffnung, dass mich Liebe und Zugewandtheit noch einmal zum Schmelzen bringt, ist nur bedrohlich. Bloß nicht! Ich schütze mich vor Nähe, ziehe mich zurück. Schmelzen? Ich habe Angst, dass nur eine Pfütze von mir überbleiben würde.

Und Gott? Ich suche das Weite (oder die Weite?), wenn man für mich beten will. Ich weiß, es ist gut gemeint, aber die Erklärungen und Deutungen, die Ratschläge, die in den Worten mitgeliefert werden, tun mir weh. Sie sind nicht wahr für mich, unstimmig, haben keine Trostkraft. Die Gnadenlosigkeit, die mich in vielen Mails erreicht, macht mich stumm. Wer mit mir schweigt, tut mir gut. Wer meine Sprachlosigkeit erträgt, ist willkommen. Es sind nicht viele.

Abgeschnitten vom Leben

Ich bin einsam. Mein Leben lang bin ich gerne alleine gewesen, habe manches Mal um diese Erfahrung gekämpft, für mich sein zu dürfen. Jetzt fühle ich mich abgeschnitten. Offiziell geschieden, getrennt vom normalen Leben, vom Ideal, von meinem Lebenstraum. Da ist nur ein Ende, Endgültigkeit, brutale Vergänglichkeit, Sterblichkeit, Winter eben. Keine Spur von etwas anderem. Der Gedanke, dass Frühling wird, ist absurd. Gilt nicht für mich. Der Eiswind erwischt alles. Meine Arbeit, Beziehungen, Begegnungen. Ich werde kleinlich, überempfindlich, hart. Manchmal fühlt es sich an wie tot. Unlebendig. Müde, launisch.

Und Gott? Noch mal nachgefragt?

Gott spricht:
Siehe, ich will ein Neues schaffen.
Jetzt wächst es auf.
Erkennt ihr es denn nicht?

(Verheißung des Propheten Jesaja, Kapitel 43, Jahreslosung 2007)

Nein. Ich sehe es nicht. Nichts Neues. Nur Altes, das gegangen ist. Ich bleibe tapfer, aber ich bin nicht zugänglich. Ich bin noch im Vergangenen. Ich weiß, es braucht seine Zeit, zu verarbeiten, loszulassen. Ich nehme sie mir und komme mir damit langsam vor, schwerfällig. Ich fühle mich immer mehr unter Druck gesetzt, jetzt allmählich endlich wieder aufzutauchen. Es gut sein zu lassen. Aber kann man einer Pflanze sagen, sie solle schneller wachsen?

Wenn die Nacht zu einsam war
und deine Wege zu lang,
und du denkst,
dass Liebe nur für die Glückspilze und die Starken da ist,
denk daran, dass im Winter, verborgen unter dem Schnee,
der Spross liegt, der durch die Liebe der Sonne
im Frühling zur Rose wird.

(»The Rose« von Amanda Mc Broom, gesungen von Bette Midler)

Ich merke, wie ich zynisch werde, Sprüche mache über Männer, die »eh nicht zuhören, eh kein Versprechen halten, eh nicht kämpfen …« Ich werde unversöhnlich. Unerbittlich. Ich habe Angst, enttäuscht zu werden. Ich achte empfindlichst auf meine Würde. Wo sie verletzt wird, ziehe ich mich stolz und erbarmungslos zurück.

Und da mache ich eine Entdeckung: Man lässt mir mein Verhalten durchgehen. Diese Erkenntnis trifft mich. Man liefert mir tatsächlich Entschuldigungen für mein Benehmen. Ausreden, die nach Verständnis klingen. »Man kann sie ja verstehen«, höre ich. Aber diese Gnädigkeit ist keine Gnade, sie ist billiges Billigen. Und da schlägt mein Herz auf einmal höher, vor lauter Trotz: Gibt es nicht echte Gnade, die wandelt? Neu macht? Kraft hat? Glauben wir nicht an Auferweckung?

Warum, mein Gott?

Endlich regt sich Widerstand. Das fühlt sich zum ersten Mal nach Monaten wieder lebendig an. Es ist, als wachte ich auf. Ich will nicht immer zickiger werden, ich will nicht verbittern, ich will nicht so bleiben, wie ich mittlerweile geworden bin. Ich ahne: Das wird nicht leicht. Das wird dich Seelenarbeit kosten.

Ich fahre in ein Beginenhaus, meinen Single-Rückzugsort in Gent, verstecke mich in kleinen Nischen in großen Kirchen. Beichte, bete, suche nach Worten. Nicht nach Erklärungen, sondern nach Worten, die ich an Gott richten kann. Ich frage immer wieder: »Warum? Warum, mein Gott? Warum war ich nicht aufmerksamer? Warum habe ich die Hinweise verpasst? Warum hast du mich so allein gelassen?« Manchmal sind die Fragen wirklich tiefehrlich. Dann wieder lache ich nur über meine Dramatik. Im nächsten Moment verbiete ich mir das Fragen, weil ich an die vielen denke, denen es in dieser Welt viel schlechter geht. Dann wieder lasse ich den Schmerz zu. Weinen kann ich immer noch nicht. Ich habe Angst, einmal angefangen, würde ich nie wieder aufhören können. Ich träume, ich schreibe stundenlang. Das tut gut. Eine Ausstellung in einer der Kathedralen von Gent zieht mich an. Und da finde ich mich plötzlich vor einem großen Plakat wieder, das mich fragt:

»Femme, pourquoi pleures-tu?«
»Frau, warum weinst du?«
(Oster-Erzählung nach Johannes, Kapitel 20, Vers 15)

Warum? Das frage diesmal nicht ich, sondern Gott fragt mich. Genauer: Der Auferweckte selbst fragt. Da kommen die Tränen. Ich weine hemmungslos. Die Schneeschmelze! Eine wahre Flut. Und es ist, als ob ich mit jedem Schluchzen weicher würde, wärmer, ganz langsam auftaue. Ich lasse es zu. Es ist, als würde ich Jesus erlauben, mich zu lieben. Als würde er mich zum Schmelzen bringen. Seine zarte, direkte, wache Frage hat mich tief berührt und lockt mich weiter.

In dieser Zeit entsteht der Gedanke, Nonne zu werden, Schwester. Ich möchte nicht in einen Orden eintreten, denn ich lebe seit 12 Jahren in einer Hausgemeinschaft. Mein Mann ist hier ausgezogen, ich durfte bleiben. Ich überlege, ein Gelübde abzulegen und in meiner Hausgemeinschaft bewusst als Single zu leben. Meine Arbeit führt mich in dieser Zeit oft in Klöster. Ich studiere die Texte der Mystikerinnen. Ich besuche Orte mitten in der Welt und gleichzeitig außerhalb der Welt. Ich spreche viel mit anderen Suchenden, Pilgernden. Was wird hier vermutet, erahnt, erhofft? Was ahnen wir bei den Besitzlosen, den Machtlosen, den Ehelosen? Bei denen, die sich bewusst dafür entschieden haben, das aufzugeben, was diese Welt doch ausmacht – an Reichtum, Ehre und Glück?

Die Gnade erahnen

Die Besitzlosen erinnern mich daran, dass Geld ein Leben nicht erfüllen wird. Es kann dir Sicherheit geben, Freiheit verleihen, Vergnügen ermöglichen, aber wahrer Friede ist etwas vollkommen anderes. Die Machtlosen erinnern mich daran, dass Einfluss uns sehr zufrieden stimmen kann, Kontrolle, Wissen und einen Namen zu haben, aber das alles ist begrenzt, kann so schnell unbedeutend werden und Frieden für die Seele finden wir hier nicht. Und die Ehelosen erinnern mich daran, dass die Erfahrungen von Sexualität, Ehe, eine Familie zu gründen und Kinder zu haben, uns zwar überaus reich beschenken können, unsere Sehnsucht aber so unendlich groß ist, dass sie hier doch nicht gestillt werden kann. Ich entdecke: Unendlich groß ist die Sehnsucht – und wird eben deshalb auch nur mit Unendlichkeit gestillt. Eine bedeutende Entdeckung für mich.

Hier finde ich mich wieder. Etwas wird heil. Mein Vertrauen wächst. Etwas Neues blüht auf, tatsächlich. Ich muss mich nicht mit billiger Gnädigkeit zufrieden geben und auch die Gnadenlosigkeit hat nicht das letzte Wort. Ich ahne, es gibt Gnade. Sie findet ihren Weg zu meiner Seele. Ich möchte lernen, mir zu verzeihen. Ich möchte an die Liebe glauben. An Gottesliebe, Nächstenliebe so wie Selbstliebe und an Entfeindungsliebe. Ich möchte an die Gütekraft glauben. Das bedeutet auch, wieder pazifistisch zu werden. Aufzuhören anzugreifen, zu verteidigen. Nicht mehr Feinde zu sehen, sondern Menschen. Wie vermutet, ist das echte Arbeit, aber irgendwann machen mir die Seelen-Übungen sogar Spaß. Ich merke, Jesus lockt mich ans Licht.

Meine Vertrauten, Freundinnen und Freunde kommen mir wieder näher. Sie sagen mir aber auch, dass ich ihrer

Meinung nach nicht fürs Alleinleben geschaffen sei. Und ich meine, niemand ist das. Kein Mensch sollte nur für sich leben, sondern alle sind wir verbunden, leben in Beziehungen, angewiesen, schenkend und empfangend. Ich bin nicht alleine, ich teile.

Zaghafter Frühling

Mein Heute ist ein Frühling. Zaghaft, noch etwas schüchtern, wagt die Blume es, ans Licht zu kommen. Wie ein Schneeglöckchen neben der größeren Osterglocke, einem Zeichen für den Auferweckten, den Maria wohl nicht zufällig für einen Gärtner hielt. Jesus hat mich so gehegt, dass ich wieder aus mir herausgehen kann.

Dabei habe ich gelernt: Nicht nur Licht und Sonne helfen dem Wachstum, auch die Tiefe der Erde trägt ihren Teil dazu bei. Nicht nur unsere Energie und Stärken und Gaben helfen unserem Aufblühen, auch das Dunkel hilft uns zum Reifen. Christus ist nie bloß über uns hinweggegangen, sondern hat sich tief in unser Leben eingegraben und genau diese Nähe ist heilsam. Und seine Auferweckungsenergie schafft Neues.

Christina Brudereck, Jahrgang 1969, verbindet Theologie und Lyrik, Spiritualität, Kultur und Politik. Spricht und reimt, reist und schreibt. Initiiert immer wieder Projekte für religiös Kreative. Sie liebt das Ruhrgebiet, lebt hier in einer Kommunität, und engagiert sich im Gemeinde-Kultur-Projekt, dem CVJM »e/motion«.

Die Braut, die sich (nicht) traut

Als Sabine Müller nach Jahren des Alleinseins doch noch der Mann fürs Leben über den Weg läuft, hat sie eigentlich allen Grund zum Jubeln. Doch stattdessen ergreift sie die Panik.

Von Sabine Müller

Wäre es ein Film gewesen, hätte die Situation durchaus etwas Komisches gehabt. Denn alle hätten gewusst, dass das Happyend folgt. Doch wir waren nicht in Hollywood, sondern im richtigen Leben, und darum roch die Szene für alle Beteiligten nach einem handfesten Drama.

Weihnachten 2003. David und ich feierten mit ein paar Freunden unsere Verlobung. Die Party war in vollem Gange – und was tat ich? Ich flüchtete mich auf mein Schlafzimmer und heulte. Aber nicht vor Glück. Ich hatte Panik!

Was war bloß los mit mir? »Die Braut, die sich nicht traut«, so was gibt es doch nur im Kino! Und ich hieß auch nicht Julia Roberts, sondern war eine Singlefrau Mitte dreißig, die aus schierer Vernunft schon vor Jahren aufgehört hatte, für ihr Brautkleid zu sparen und das Geld stattdessen in ihre Altersvorsorge steckte. Sollte eine wie ich am Tag ihrer Verlobung nicht die strahlendste Frau der Welt sein?

Strahlend? Von wegen! Meine Augen waren verquollen und die tränenverschmierte Wimperntusche hatte sich über mein Gesicht ergossen. Längst waren mir die Tempotücher ausgegangen und so schnäuzte ich meinen ganzen Frust in eine halbe Rolle Klopapier, während ein sichtlich besorgter David beruhigend auf mich einredete.

Der Arme! Wie gern hätte ich ihm das erspart. Aber es ging nicht. Es überrollte mich einfach. Es war, als brächen sich alle angestauten Wünsche, Ängste und Erwartungen mit einem Mal Bahn: Das jahrelange Beten und Hoffen; die vielen Enttäuschungen; die Kämpfe; die Einsamkeit; die unachtsam dahingesagten Bemerkungen von Bekannten und Verwandten; die Sehnsucht nach Nähe und die gleichzeitige Angst, erdrückt zu werden; der Wunsch nach Bindung und die Trauer um den Verlust der Freiheit; die Forderungen meiner Umgebung, die erwartete, dass ich vor Glück doch schier zerspringen müsse, wo sich nun endlich noch einer über mich »erbarmt« hatte! All das verquirlte sich in diesem Moment zu einem undefinierbaren Gefühl, das immer wieder nur die eine Frage in meinen Kopf hämmerte: »Was, wenn das hier der größte Fehler deines Lebens ist?«

Achterbahn der Gefühle

Um es vorweg zu nehmen: Es ist noch mal gutgegangen. Erstens, weil ich ein großes Mädchen bin, das gelernt hat, auch entgegen seinen unberechenbaren Gefühlen im Ernstfall das Richtige zu tun. Zweitens, weil David ein großer Junge ist, der a) ein enormes Selbstbewusstsein besitzt, b) dazu Gottvertrauen hat und c) sich als Bruder dreier Schwestern von gelegentlich auftretenden weiblichen Widersprüchen nicht ernsthaft irritieren lässt. Und drittens, weil diese Gefühlsattacke in der Tat das letzte Mal war, dass mich Zweifel an der Richtigkeit meiner Entscheidung gequält haben. Im Gegenteil: Nachdem dieser finale Absturz ausgestanden war,

war ich mir sicherer denn je und gut eineinhalb Jahre später schritten David und ich vor den Traualtar.

Ich habe oft über diesen »Super-Gau« nachgedacht. Wieso hatte mich die Krise mitten auf der Zielgeraden erwischt? Vor was oder wem hatte ich Angst – war ich doch endlich dort angekommen, wo ich immer hatte sein wollen?

Heute weiß ich, dass ich mit diesen widersprüchlichen Gefühlen und irritierenden Fragen nicht alleine bin. Vor allem bei langjährigen Singles, wie ich es war, kann ich sie immer wieder einmal beobachten. Sie nähren sich von vielen unheilvollen Ängsten und können auf dem Weg in eine lebenslange Partnerschaft zu echten Stolpersteinen werden – es sei denn, wir entlarven sie!

Angst vor dem Verlust der Freiheit

Hätte man mich in den langen Jahren meines Singleseins gefragt, ob ich bereit sei, für einen Partner mein Leben zu verändern, wäre meine Antwort ein lautes überzeugtes »Aber klar doch, was für eine Frage!« gewesen. Doch als ich David traf, störte mich zu meinem Erstaunen am meisten, dass er meinen vertrauten Trott durcheinander brachte. Die permanente Nähe überforderte mich. Wie bequem erschienen mir auf einmal die eingetretenen Solopfade, wie erstrebenswert meine vermeintliche Single-Freiheit. Ich gebe es ungern zu, aber ganz davon abgesehen war ich ein bisschen stolz darauf, zumindest die meiste Zeit ein »glücklicher Single« gewesen zu sein. Immerhin hatte mich der Erwerb dieses Prädikats viel Kraft gekostet. Wie viele Jahre hatte ich mit Gott im Gebet gekämpft! Wie oft hatte ich ihn angefleht und mit halbherzigen Gelübden zu bestechen versucht, wenn er mir bloß einen Partner schenken würde! Und dann, mitten in diesen Kampf hinein, wurde ich plötzlich von einer echten Gnade berührt: Mit Ende zwanzig begriff ich endlich, dass gerade an Gottes Seite auch ein Leben als Single erfüllt sein kann. Und so wichen Trotz und Traurigkeit immer mehr einem tiefen Vertrauen und einer neuen Lust am Leben – bis David auftauchte und mich aus der Fassung brachte! So lange hatte ich um meinen Frieden gerungen und als ich ihn endlich gefunden hatte, stand ich mit einem Mal erneut vor ganz grundlegenden Fragen, die ich schon beantwortet glaubte. Wollte ich mich nach 15 Jahren des Alleinseins wirklich wieder auf solch ein unkontrollierbares Terrain wie die Liebe begeben?

Was es mir nicht unbedingt leichter machte, war die Tatsache, dass ich über die Jahre allzu oft hatte mit ansehen müssen, wie so manche Ehe im Dickicht des Alltags erstickt war und die Beteiligten unglücklicher gemacht hatte, als sie es allein wahrscheinlich je geworden wären. Ich erinnere mich noch amüsiert an den Tag, an dem der erste Teil der »Herr der Ringe«-Trilogie im Kino anlief. In einer der Anfangssequenzen wurde die Bedeutung des Ringes mit den Worten erklärt: »Ein Ring, sie zu knechten, sie alle zu finden, ins Dunkel zu treiben und ewig zu binden«, als jemand von hinten rief: »Ehering!«, woraufhin der ganze Saal in Gelächter ausbrach. Doch Spaß beiseite: Was, wenn auch unsere Ehe sich zu einem dunklen Gefängnis verwandeln würde?

Es war Davids unbeirrbarer Optimismus, mit dem er mich immer wieder ermutigte: »In einer guten Ehe wird deine Freiheit nicht kleiner, sondern größer«, war seine Lieblingsbeschwichtigung. Zögerlich nur ließ ich mich auf das Abenteuer ein. Und erlebte erstaunt, dass er Recht hatte. Es war der Respekt, mit dem er mir und meinen Ansichten begegnete, aber auch die liebevolle Unterstützung, die er mir überall zuteil werden ließ, die mir mit der Zeit die Gewissheit schenkten, dass ich an seiner Seite nicht im Käfig enden würde. Und ich begann, das große Paradox der Liebe zu erahnen: Dass wir dann am stärksten sind, wenn wir schwach sind; dass der sein Leben gewinnt, der es verliert; und dass wir wahre Freiheit erst dann finden, wenn wir uns binden.

Angst vor der eigenen Entscheidung

Entscheidungsfreude ist nicht gerade meine größte Stärke, was dazu führt, dass mich an schlechten Tagen schon die Menükarte eines Restaurants überfordern kann. Doch wenn ich mich nicht mal zwischen Pizza und Pasta entscheiden konnte – wie um alles in der Welt sollte ich dann vorgehen, wenn es um eine so grundlegende Sache wie die Ehe ging?

Wie viele Christen wurde auch ich in dem Glauben erzogen, dass Gott uns durch unser Leben führen möchte – auch oder gerade da, wo es um die Wahl des Ehepartners geht. Im Großen und Ganzen halte ich diese Annahme immer noch für theologisch korrekt. Aber dieses Lebensmotto kann auch so seine Tücken haben. Falsch verstanden endet es nämlich darin, dass sich hinter so manchem »großen Glauben« lediglich die Angst vor eigenen Entscheidungen versteckt.

Als Teenager war ich der festen Überzeugung, dass Gott nur einen ganz bestimmten Partner für mich hätte. Doch irgendwann ging mir nicht nur die rein praktische Unsinnigkeit dieser Annahme auf (Was, wenn nur ein Christ auf der ganzen Welt Gott nicht in seine Partnerwahl mit einbezieht? Dann ist er mit dem falschen Partner verheiratet und der eigentlich für ihn vorgesehene Partner ist zwangsläufig auch mit dem falschen ... kurzum, es rechnet sich einfach nicht!). Vielmehr begriff ich, dass mich auch in dieser entscheidenden Frage meine Freiheit in Christus in die Verantwortung rief. In 1. Korinther 7 schreibt Paulus der Gemeinde zu der Frage, ob eine verwitwete Frau erneut heiraten darf, Folgendes: Sie ist frei und kann – Achtung, jetzt kommt's – heiraten *wen sie will* (!), vorausgesetzt, »der Betreffende gehört wie sie dem Herrn« (Vers 39). Bezogen auf meine Situation folgerte ich: Ich durfte mich bezüglich Ehemann – abgesehen davon, dass er ein Christ sein sollte – entscheiden, für wen ich *wollte*!

Doch das stellte mich als Sicherheitsfanatikerin vor ein handfestes Problem: So viel Freiheit wollte ich gar nicht! Erst langsam begriff ich, dass genau das der Punkt war, an dem ich etwas zu lernen hatte. Zugegeben, anfangs war ich sehr enttäuscht darüber, dass Gott bezüglich David scheinbar nicht eindeutiger zu mir sprechen wollte. Doch je länger ich die Sache betrachtete, desto klarer wurde mir, dass er gute Gründe dafür hatte. Gott kennt mich und er weiß, dass ich zu der Sorte Mensch gehöre, denen es nicht gut tut, wenn ein Zettel vom Himmel fiele. Er weiß, dass ich oft zuerst mit Entscheidungen ringen und sie dann aus tiefster Überzeugung treffen muss, wenn ich später zu ihnen stehen soll. Und so blieb mir nichts anderes übrig, als meine Gefühle für David zu durchdenken, meine Ängste und Motive zu hinterfragen und immer wieder Gott hinzulegen, dann alles sorgsam abzuwägen und letztlich Verantwortung für meine Entscheidung zu übernehmen. Erst als ich damit durch war, konnte ich David von ganzem Herzen und im Vertrauen auf Gott mein Ja schenken.

Angst vor dem Scheitern

»Wird's besser, wird's schlechter? So fragt man alljährlich. Seien wir ehrlich: Leben ist immer lebensgefährlich!« Jedes Mal, wenn ich diese Worte von Erich Kästner lese, amüsieren sie mich aufs neue. Denn genauso ist es! Leben erfordert Mut, weil es uns alles kosten kann; und erst die Liebe …

Egal, wie oft wir es drehen und wenden: Zu einem bestimmten Grad ist und bleibt die Ehe ein unwägbares Gewässer, auch wenn wir uns noch so gut vorbereiten. Doch wollte ich bloß aus Angst vor dem eventuellen Kentern gar nicht erst ins Boot steigen? Und somit auch niemals erleben, wie es ist, auf einem wunderschönen, breiten Strom an atemberaubenden Landschaften vorbeizugleiten? Oder wie stolz und glücklich man wohl sein muss, wenn man gemeinsam gefährliche Stromschnellen gemeistert hat?

Am Ende blieb mir nur eins: Ich musste mich dem Boot unserer Liebe anvertrauen, das Paddel des Glaubens ergreifen und in Zukunft bloß eins tun: beim Rudern mein Bestes geben. Und darüber hinaus darauf vertrauen, dass Gott uns einen Rettungsring entgegenwerfen wird, sollte es je eng werden.

Ich hab's getan

So wurde ich am Ende also doch noch zur Braut, die sich traut. Apropos Film: Der realistischste und darum schönste Antrag, der mir je zu Ohren gekommen ist, stammt aus dem Mund von Julia Roberts im bereits erwähnten Film. Dort kniet sie zum Schluss vor Filmpartner Richard Gere und sagt: »Ich garantiere, es werden auch schlimme Zeiten kommen. Und ich garantiere, es kommt vor, dass einer von uns oder beide unbedingt aus dieser Sache raus will. Aber ich garantiere auch, wenn ich dich nicht um deine Hand bitte, dann bereue ich das für den Rest meines Lebens. Denn ich weiß in meinem Herzen: Du bist der Einzige für mich!«

Ich finde, schöner kann man es nicht sagen.

Sabine Müller, Jahrgang 1968, arbeitet als freie Texterin und Redakteurin und ist Mitarbeiterin des Online-Forums »christ-und-single.de«. Nach vielen Jahren als Solistin lief sie entgegen allen statistischen Erhebungen mit Ende dreißig doch noch in den Ehehafen ein. Das Einzige, was sie an diesem Zustand wirklich bedauernswert findet ist, dass sie kein eigenes Zimmer mehr hat.

Schau, mein Mädchen, was ich kann!

Der Ehezug schien für Wencke Bates schon abgefahren.
Doch dann erlebte sie ihr ganz persönliches Wunder.

Von Wencke Bates

Er war ein paar Jahre älter als ich. Seine Tätowierungen fand ich cool – seine männlichen Arme noch viel interessanter und ich war fasziniert von seinem Lächeln. Steve kam aus Australien. Er saß links von mir in einer Bibelschule in Nordengland. Ich war Anfang zwanzig, hatte gerade frisch mein Herz an Jesus verschenkt und schaute gespannt der Zukunft entgegen: Das Leben wirkte vielversprechend auf mich. »The sky is the limit« wurde uns gepredigt. Sollte es da ein Zufall sein, dass Gott mich ausgerechnet neben diesen wilden und gutaussehenden Australier gesetzt hatte?

Meine Gedanken und Gefühle fuhren Achterbahn. Eines Tages fragte er mich doch glatt, ob wir gemeinsam für eine besondere Not, die ihn plagte, beten wollten. Natürlich wollte ich! Und dachte innerlich: »Das muss ein Zeichen sein, ganz klar!«, und legte eine extra Portion Inbrunst in mein Gebet. Sollte er etwa der Mann fürs Leben sein, den Gott mir hier in der Bibelschule über den Weg schickt? Ist es der Eine, mit dem ich durch dick und dünn und über Kontinente hinweg den Menschen von Jesus erzählen werde?

Doch meine Träume wurden schon gut zwei Wochen später einer drastischen Realitäts-Prüfung unterzogen. Mein Sitznachbar spielte auf einmal leidenschaftlich gern und in jeder freien Minute Federball mit der schönsten Schwedin vom Campus – und die beiden wurden vor meinen Augen ein Paar. Mein Herz tat weh. In dieser Phase stolperte ich über einen Vers in der Bibel: »Der Herr wird für euch streiten – und ihr werdet stille sein.« Irgendwie toll, die Vorstellung, dass Gott für seine Kinder streitet, fand ich. Gott würde sich auch in meiner Herzens-Angelegenheit um mich kümmern. Ich fasste neuen Mut.

Zug abgefahren?

Mehr als ein Dutzend Valentins-Tage, viele Weihnachten und einige vollgeschriebene Tagebücher später war ich 35 Jahre alt und immer noch in Jesus »verliebt«. Doch zugegeben, die Tatsache, dass ich noch ohne Mann durch die Gegend lief, zerrte an meinen Nerven und meiner Seele. Als ich mal wieder auf einer Hochzeit im Hintergrund die Teller spülte und selbstredend nicht diejenige war, die an diesem Tag im weißen Kleid herumlief, fragte ich mich, ob »Beten allein« ausreicht. Freunden stellte ich dieselbe Frage und bekam unterschiedliche Antworten. Manche meinten, Vertrauen in Gott reiche aus. Er könne die Schritte der Menschen lenken – und dementsprechend auch die zu »Mr. Right«. Andere sagten: »Nur ein fahrendes Schiff kann Gott lenken«. Hin und wieder beschlich mich leise Panik, irgendwas falsch gemacht zu haben. »Bin ich überhaupt ein solch fahrendes Schiff?«, fragte ich mich. Denn für Internet-Aktivitäten und andere bewusste Single-Initiativen oder -veranstaltungen war ich (zugegeben) einfach nicht gemacht und zu zart besaitet.

Mit dem Bild eines weiteren Fortbewegungsmittels wurde

wenig später meine Lage ungefragt von einem Menschen kommentiert, der mir noch nicht einmal besonders nahe stand. Für mich sei der Zug für eine Partnerschaft abgefahren, meinte er lakonisch. Und so fragte ich meinen Vater im Himmel: »Ist es wirklich deine Idee, Gott, mich allein auf dem Bahnsteig stehen zu lassen?« Mehr als einmal stellte ich ihm die Vertrauensfrage: »Ist es das, was du nicht kannst: mir einen gläubigen Mann schenken?« Mir war klar, dass ich nur mit einem treuen Christen glücklich werden könnte. Doch von dieser Sorte gab es in meinem Umkreis und in meinem Alter leider nur Männer, die bereits ein goldenes Ringlein am Finger trugen …

Trost-Geschichten-Sammlerin

Innerlich sammelte ich Trost-Geschichten von erhörten Gebeten, von Singles, die später als der Durchschnitt geheiratet hatten. Am liebsten hörte ich von Wundern. Meine Lieblingsgeschichte stammte von einer Freundin aus Korea (und sie soll sich wirklich so zugetragen haben!): Sie ereignete sich in einem Dorf in den Bergen von Korea. An diesen abgelegenen Ort fühlte sich eine Frau von Gott hingestellt. Die Frau war unverheiratet und diente treu in der ansässigen Gemeinde und trat vor allem in der Fürbitte für die Menschen ein. Ihre Glaubensgeschwister sahen ihre Einsamkeit und gaben ihr den guten Rat, doch in die ferne Stadt zu gehen, weil es dort mehr Männer gäbe. Doch die Frau blieb an dem Ort und behauptete, Gott würde sich um ihren Herzenswunsch kümmern. Eines Nachts wachte sie von einem lauten Geräusch auf. Vor ihrer Hütte war ein Soldat mit einem Fallschirm notgelandet und hatte sich beim Aufprall das Bein gebrochen. Sie pflegte ihn gesund, sie verliebten sich und sie heiratete ihn wenig später in der Kirche des Bergdorfes.

Es mag lustig klingen – aber ich liebte diese Geschichte. Vielleicht weil sich mein Herz an die Hoffnung klammern wollte, dass Gott Möglichkeiten hat, von denen wir oft nicht die leiseste Ahnung haben. Gott ist kein Gott der Statistiken, sondern er schreibt mit jedem Menschen seine eigene Biografie. Ermutigt hat mich auch die Geschichte von der »Bittenden Witwe« aus Lukas 18 und die darin enthaltene Aufforderung, treu zu beten.

Manche meinten, ich würde übertreiben. Doch ich blieb bei meiner These, dass Gott nicht nur auf der Seite der Witwen und Waisen ist, wie die Bibel sagt, sondern genauso auch auf der Seite der Singles. »Jesus weiß, wie es sich anfühlt, mit 30 allein auf eine Hochzeit zu gehen«, hat es der Pastor und Autor John Ortberg einmal treffend in einem Artikel über Singles formuliert. Jesus weiß auch, wie und wann biologische Uhren ticken, kennt das Gefühl, missverstanden zu werden und allein zu sein – und vor allem: Er weiß, wie es in unserem Herzen wirklich aussieht. Warum darf es dann nicht auch so etwas wie einen »bittenden Single« geben, wenn es eine »bittende Witwe« gab? Ich denke, so lange man ein Anliegen auf dem Herzen hat, darf man es mit Gott teilen und auf seine Hilfe hoffen, ohne dabei das Leben im Hier und Jetzt zu vernachlässigen und in Selbstmitleid zu vergehen.

Schau, was ich kann!

Nun, ich weiß nicht, ob es die vielen Gebete meiner Freunde, Verwandten und meine eigenen waren, die das Wunder ausgelöst haben, dass ich heute neben Jesus auch

noch einen anderen Bräutigam habe. Ich habe nichts Ent-
scheidendes »richtig« gemacht, habe nicht die Formel zum
Erfolg oder zum erhörlichen Gebet gefunden oder auf den
einen »richtigen Knopf« gedrückt. Ich weiß auch, dass
meine Geschichte nur eine von vielen Millionen Geschichten ist, die sich täglich auf der Welt abspielen. Heiraten, sagt
Jesus, ist auf der Erde immer noch eine ganz normale An-
gelegenheit und nicht unbedingt spektakulär. Und doch:
Die Tatsache, dass irgendwann aus dem Nichts ein gläubiger
Mann aus dem fernen Amerika in meiner Gemeinde auftauchte, mich gefunden und ein Jahr später vor den Altar
geführt hat, empfinde ich nach wie vor als ein großartiges
Gnadengeschenk. Und fast kann ich ihn, meinen himmli-
schen Vater, vor mir sehen, wie er mir zublinzelt und sagt:
»Schau, mein Mädchen – schau, was ich kann!«

Wencke Bates, Jahrgang 1973, arbeitet im Bereich Marketing
und Promotion. Als Single hat es ihr gefallen, dass sie nur
einen Termin-Kalender pflegen musste. Verhasst aus dieser
Zeit waren ihr Fragen wie: »Haste jetzt eigentlich 'nen
Freund?«